自治要義
【明治43年再版】

井上友一　著

地方自治法研究
復刊大系〔第二三三巻〕

自治要義

〔明治四十三年再版〕

日本立法資料全集　別巻
1033

信山社

自治要義

法學博士井上友一著

自治要義

東京　博文館藏版

自治要義目次

第一章　緒論……………………一

人心の一新○奉公心と公共心○チュルゴーと其自治案の大本○自治の化身たる普國のスタイン○市政一新の寶鑑○我帝國と欽定の自治制○拿破崙戰爭の普國と日露戰爭の日本○戰後の經營と地方自治の完整○我邦農村自治の美點○地方人士の篤行○戰時各般の美擧○戰時人心の奮興○整理を要する多數の自治體○英國農村衰頽の傾向と農業再興論○田園都市の理想○田園生活の好譬喩○我國農村の將來○近世の都市問題○悲しむべき泰西都市の特產物○普國の適材尊重の主義○英國の地方愛國心○「自治の寶藏」「市民の師父」○佛國と農事組合の奬勵○米國大統領と農民土着說の唱道○國民發達の搖籃○自治の荷ふべき天職

第二章　自治の沿革……………一七

第一節　古代の自治行政……………一七

古代の自治と其二要素○希臘都市の神意政治○羅馬都市の活動

第二節　中古の自治行政……………一九

中古商業都市の防衛政策
第三節　近世の自治行政……………………………二〇
沿革に由る自治制度の三主義
第一款　國家欽定主義の自治制度……………二一
スタインの國家再興策○愛國心と公共心○普國自治制の完成
第二款　國家保護主義の自治制度……………二三
英國中古に於ける自治紊亂の光景○市民の自覺と新制度の制定○英佛二國と其立法術の異同○最整備せる英國の都市制度
第三款　國家對抗主義の自治制度……………二六
○諸侯の專制と市有財產の横領○路易第十四世の公職賣買法○無制限官選主義の地方制度○チエールの深慮と一部官選主義
第四款　我邦自治制度の特徵……………………二九
斑田の制○莊園と領地制度○五人組制度の本質○德川時代の江戸長崎市制○區町村會法の發布○市町村制と地方團體の完成○自治制度の彼我特徵比較

第三章　自治の本義……三七

自治の說明に關する二派の學說〇グナイストの硏究〇折衷主義の學說〇自治の觀念

第四章　自治の趨勢……四一

國家組織中の自治團體〇普國自治の特筆すべき要項

第一節　普國自治の趨勢……四三

獨國自治と概括委任主義〇普國公共心の勃興の二大原因と獨特の二長所〇自治機關と人物信賴

第二節　佛國自治の趨勢……四六

巴里の老吏アルフオン〇市邑に對する監督の愼密

第三節　英國自治の趨勢……四八

市公民參政權の獲得〇二百五十餘に亘れる權限附與の條例〇行政上の監督權と其發展〇救貧行政の整理刷新〇保健行政と社會の福利〇地方敎育の促進策〇英國自治政史に於ける異彩

第四節　米國自治の趨勢……五五

米國の自治と議院の干涉〇母法國に見るとなき米國の弊風〇英米自治の差異〇頻繁なる吏員の交迭〇ボストン市尹告別の言〇米國地方經營に於ける遠大の理想

第五節　匈國自治の趨勢……五九
新興國とブダペスト市の奮勵○ケレシー獻身の業たる民勢調査
第六節　露國自治の趨勢……六二
主義を異にせる二大都市の對立○小國家を意味せる露國の村邑○萬能の君と自治の民○協同心を缺ける都市政治○國民訓育の程度と參政制度
第七節　我國自治の趨勢……六六
大戰前後の自治經濟○都市農村の兩立併進の策
第五章　自治の基礎……七一
國民の敎育と自治の改造○中流民と自治の基本○ハリソンの所謂理想的の自治○公益を進むるは無上の名譽○國民の良心と政治の中心○公德心なき時代に於ける自治の光景○英國民風の精采○富者の公德心と英國の公益事業○國民の道義に關するホブソンの所說○社會に對する深厚なる同情○自治訓練の急務
第六章　自治の作用……八三
第一節　防衞行政……八三

第一款　警察行政……八三
英國都市制度改革以前の陋態〇英國警察の面目一新〇米國に於ける吏員更迭の矯弊策
第二款　消防行政……八八
獨國都市に於ける公營の火災保險〇米國消防行政の進歩〇我邦の消防事業
第二節　風化行政……九一
第一款　敎化行政……九一
第一項　普通敎育……九一
監督留置と宿舍收容〇食料給與と學童浴場及病兒施療〇兒童敎育と公德養成〇我邦の特色ある普通敎育〇學校敎育と自治の訓練
第二項　實業敎育……九六
普國の徒弟敎育〇補習敎育の强制主義〇佛英米と實業敎育の消長〇瑞典の「兒童工場」〇佛國の小學實科敎育と工場との聯絡〇我邦の實業敎育
第三項　庶民敎育……一〇〇
其一　圖書館事業……一〇一

英米二國と公益主義の圖書館○佛國の貸出圖書館制度○獨國の循環閲覽制度○簡易圖書館と公衆閲覽所○圖書利用主義○我邦の圖書館と其沿革趨勢○圖書館に附帶したる民育事業○廣く訓育を兼ねたる「カーネギー館」○兒童圖書館と兒童掛の養成所○公民敎育を目的とする「ゲーヘー財團」○特色ある圖書館

其二　展覽館事業……一〇九

美術保護の展覽事　○市民指導の展覽館事業○我邦の展覽事業

其三　簡易講習事業……一一二

獨逸の家事講習○米國都市の園藝講習○我邦の簡易講習事業

其四　復習保護事業……一一四

復習場と父兄會

其五　學校裝飾事業……一一五

英國に於ける公堂裝飾の歴史畫○我邦の學校裝飾事業

其六　公開講演事業……一一六

小學校と公開講話○學校の活用と社會の中心○大學展開事業○我邦の種智院と心學道話

其七　感化敎育事業……一一九

不良少年と佛人の警語○感化事業の起源○家庭組織の感化事業○授産組織の感化事業○英國の感化船と獨國の海上遠征○我感化法の改正と講習事業

其八　善行表彰事業……一二三

カールスルーヘ市と勤續者の奬勵○白耳義と勤勞女子の表彰○特色ある最近の善行表彰事業○巴丁婦人協會と下婢の表彰事業○カーネギーの義勇奬勵財團○我邦の表彰事業

第二款　風紀行政……一二九

風紀行政の限界○米國に於ける二種の節酒制度○那威瑞典に於ける一擧兩得の節酒制度○英國に於ける酒舖制限制度○飮酒制止と有益なる娯樂の善導○米國雜居生活の調査○社會の惡德を防止する四種の方法○兒童の歸還を報ずる寺鐘○兒童出街の時間制限法○豫防主義の風紀行政

第三款　娯樂行政……一三七

娯樂事業最高の理想○露國の公營劇場○獨國都市の補助劇場○夜間の娯樂事業○巴里公有の劇場建築○娯樂薰陶○獨國都市に於ける兒童の花木培養事業○勤勞なきの娯樂と民風の頽廢○娯樂制度の完整と文明の進步

第四款　奬儉行政……一四二

奬儉行政と近代自治の骨子○奬儉機關にして又融資機關たる公營の貯蓄銀行○銀行の公益主義

第三節　救濟行政……一四六
第一款　救貧行政……一四六
貧民事後の救濟と事前の豫防〇往時寺院の「撒水的慈善」〇瑞西の「豁中乞食」と施與慈善の餘弊〇幼弱老衰者の普通救助と壯者の生業授與〇佛國の慈惠事務局と公立の姙婦分娩院〇英國救貧事業の諸弊と勞働強制々度〇獨國に於ける貧民訪察制度〇貧民に對する生業の扶助〇我邦に於ける救濟事業小史〇我救濟制度の特徵
第二款　防貧行政……一五二
其一　公立質行政……一五三
公立質業と佛國の貧民保護〇佛國に於ける公立質業の組織〇公立質業と小起業の振興策〇公立質業と小資本の融通〇我邦の德政と質業
其二　業務紹介行政……一五六
佛國に於る公立の業務紹介場〇瑞西公立紹介場の反響〇獨國に於ける公立紹介場獎勵の宣言〇グラスゴー市特有の業務紹介業〇米國の勞働事務局
其三　庶民治療行政……一六〇
伯林の赤兒診察場〇獨國の藥局問題〇ヒユゴーの藥局論〇病院問題の時代より一轉したる藥局問

題の時代○我邦古代の施藥院療病院○我國現在の施療病院
第四節　保健行政……………………………………一六四
保健行政發展の由來
第一款　防疫行政……………………………………一六六
防疫行政と事前の救治策○ハンブルヒ市の牛乳取締令○周到なる酒杯洗滌制度○英國都市の家庭巡閲制度○我邦の防疫事業
第二款　掃除行政……………………………………一六八
市邑の汚物掃除○汚物處分と廢物利用
第三款　公園行政……………………………………一七〇
逍遙園と運動園○公園と「都市の肺臟」○兒童の遊戯と活力の增進○公園の社會教育主義○米國公園の新機軸○兒童運動園の新興○運動園設置と少年犯罪の減少○公園制度變遷の三時期
第四款　給水行政……………………………………一七四
英國市邑の公設給水○米國の公設給水○獨國市有の公設給水○給水量と文明の測度
第五款　排水行政……………………………………一七七

疫病傳播と排水工事○健康保護と財源補充
第六款　生活品保護行政……一七八
生活資料の保護制度
其一　食品檢査行政……一七八
英國の肉類檢査制度○食品檢査制度に於ける二個の要素○國際會議に於ける食品檢査令の統一案○食品檢査と公衆の健康
其二　市場經營行政……一八一
各國市場制度の趨勢○市場經營に於ける商業保護の主義と健康保護の主義○近世の市場と廣汎なる公益主義
其三　屠場經營行政……一八三
佛國に於ける屠場特占主義の嚆矢○歐洲屠場事業の小歴史
第七款　生活品供給行政……一八六
獨英二國の市邑と石炭供給事業○佛國市邑と牛乳供給事業○プラウエン市と良牛乳の生産法○醫家ボソンケルの痛言○ヒューゴーの唱ふる牛乳供給の公營○英國市邑と牛乳消毒事業○生活品保護制度と其進化

第八款　土地分貸行政……一八九
細民保護と土地分貸制○都市家庭園と都市果樹園○果園保護と花園保護○米國に於ける甘蔗耕地の分貸制度○英國「田園都市」○田園都市の理想と健全なる國民○各自の田園趣味と集團の田園生活
第九款　浴場行政……一九三
歐洲古代の公營浴場○近世に於ける英國の公立浴場と洗濯場○米國の無料主義浴場
第十款　住居行政……一九六
住居改良事業と各國法制の異同○獨國の模範的住居制度○ミケール法案と干與政策○デュセルドルフの居室容積制限令○建築事業と公有地の利用○新民法の永代建築權○地上權と買收權○建築事業と資金の融通○英國の住居改良制度に於ける獎勵主義○消極的の監査權○一區域の改築權○佛國の住居改良制度に於ける保護主義○建築事業と融資制度○建築事業と免稅制度○學者間に於ける公營主義の評論○國際會議と住居問題○住居問題と交通問題○良好なる家庭と健全なる心神○住居改良制度綜說
第十一款　埋葬行政……二〇六
墓地事業の趨勢○泰西墓地の特徵○義塚の主唱○墓地の狹隘と火葬の必要○死者處置制度の必要
第五節　交通行政……二一二

第一欵　道路行政……二一二
農業上の利用と交通上の整備○沿道受益者及使用受益者の特別辨償問題○道路美術上の保護と裝飾
第一項　道路植樹事業……二一四
森林美學と西班牙バルセロナ市の並樹道路
第二項　道路彫刻事業……二一五
裝飾事業と道路彫刻○彫刻物と訓育の着想○紀念碑と不滅の金訓
第三項　家屋制限制度……二一八
羅馬巴里の家屋制限○白耳義に於ける美術的建築の奬勵○クリブランド市の建築改良
第四項　廣告制限制度……二一九
巴里の植樹廣告の嚴禁○巴里の廣告場と伯林の廣告塔
第二欵　港灣行政……二二一
英國の特徴たる公私協同主義の港灣經營○獨國の特徴たる都市自營主義の港灣經營○ハンブルヒ市の自由港制度○佛國の特徴たる政府直轄主義の港灣經營○米國の特徴たる公私併用主義の港灣經營

第三款　巡航行政……二一三
地方巡航事業の特許公營兩制
第六節　勸業行政……二一四
第一款　農業助長行政……二一五
列國の最も苦心せる農業保護制度
第一項　副業奬勵……二一五
丁抹の鷄卵と共同輸出〇ヴユルテンベルヒ王國の副業奬勵策〇伊太利ロンバルジー地方の農民と「レース」編〇花園果樹園と婦人の副業
第二項　植林經營……二一九
失業者の授産と植林事業〇三種の植林制度〇獨逸の村邑と公有林の愛護〇佛國の村邑と荒蕪地の開拓〇英國と植林自營論の再興〇我邦公有林の將來
第三項　共同組合……二三三
農民と低利資金の供給〇貯蓄を活用せる伊國の共同組合〇宗教と協力せる白耳義の共同組合〇第二流國に啓發されたる佛國の農業組合〇高利貸を排斥せる匈牙利の共同組合〇家屋建築を目的とする米國の共同組合〇英國に於ける小農の信用組合〇獨國に於ける小農信用組合の美事〇セルビ

ヤ果物輸出の成功と英人の警戒〇共同組合に依るライン州ムルバイムの農村の一變〇ライフアイゼン式共同組合の特質〇露國に於ける農民開發の苦心〇露國と農民の惰風〇共同組合と自治の行政

第四項　農村興新……二四五

農業の進歩と農村其ものゝ進歩〇農村の活動と農民の地位〇土着農民と愛郷心〇農民の健康と活力〇農民の情誼と自助の必要〇家庭訪問制度と婦人會保育場建築組合〇休暇學校自由講話會簡易圖書館青年會兒童集會場〇我邦に獨特なる尚齒會〇農村改良と諸種の機關職業の提携連絡〇健全有益なる娯樂〇農民倶樂部の必要〇貴賤共樂の機會と協同の精神〇我農村觀〇都市農村の共助連絡

第二款　商工助長行政……二五五

第一項　普通の自治收益事業……二五六

公營私營の二主義〇私營主義の急先鋒〇英國公營事業の成功

第二項　特種の商工助長事業……二五八

其一　商業銀行……二五八

失敗せる露國の市營銀行〇獨國ブレスラウの市立商工銀行

其二　火災保險……………………………………二五九
獨國都市の火災保險
其三　電話事業……………………………………二六〇
英國公營の電話事業
其四　共同商館……………………………………二六〇
中流民の保護問題〇共同商館の理想及計畫
其五　電力供給……………………………………二六二
手工業者に對する電力の供給〇體力勞働の二倍又は三倍の効果
第七節　財務行政……………………………………二六三
第一款　賦課制度……………………………………二六三
賦課制度の變遷〇獨逸の賦課制度〇消費稅廢止の傾向〇佛國の賦課制度〇特異の人的稅〇主要なる入市稅〇英國の賦課制度〇救貧稅と單一稅〇不動產稅の偏重を緩和する考案〇單一稅法より複合稅法に進むの機運〇米國の賦課制度〇財產稅の困難〇地方課稅制度綜說
第二款　公債制度……………………………………二七一

英國と地方公債の監督〇英國の公債制度〇公共事業起債局の新設〇保護主義の公債制度〇佛國の公債制度〇特別資金の利用〇獨國の公債制度〇白耳義の公債制度〇地方貸付銀行の創例〇貸付銀行の株主たる自治團體〇伊國の公債制度〇瑞典の公債制度〇各國公債制度の綜說

第七章　自治の監督……………………………………二六一

近世の監督〇視察監督の制度〇周知の府と好耳目〇ベンザムと英國視察制度の主唱〇教育行政と國庫補助政策〇一年三千件の違法支拂〇財政監督の制度〇世界の新現象たる英國地方公債八億有餘萬圓〇地方政務局と起債方針〇佛國に於ける施行前の豫算審査〇我監督制度の活用〇自治制度綜說〇一國の品位と自治の精神

目次畢

自治要義

第一章　緒論

人心の一新

日露戰役は國家興敗の繫りし所にして洵に千載一遇の大事變なりき。之れが爲め內人心一新の動機を與へたるはもと當然の事に屬す。されど此一事たる實に後世永く忘るべからざるの好紀念を遺せりと謂ふべし。戰時國民の心裡に發揮せられし偉大なる二個の觀念あり。一は之を國家的の觀念と曰はん即ち奉公の心是なり。他は之を協同的の觀念と曰はん即ち公共の心是なり。我國民が軍國の後援をなすに當り克く其殊力を竭せること往々意料の外に出でたるもの亦實に此二個の觀念に基けり。

奉公心と公共心

近ごろ獨人の政治雜誌を閱みするに佛國の賢相チュルゴーの自治案が、

嘗て此二個の觀念を養はしめんとして最も意を此に用ゐたることを評論せり。

チュルゴーと其自治案の大本

抑もチュルゴーは佛國の内治亂れて麻の如きの時に出で獨り自から任じて一意時難を解決せんとしたり。因つて之を國民の奉公心と公共心とに訴へ以て其自治制度を編成せんことを期せり。夫の有名なる學家チュボンを招きて顧問と爲したるは全く之が爲なりき。爾來二人心を一にし鋭意相扶けて日夜其國を磐石の安きに置かんとし胸算略ぼ成を告ぐるに至りしも不幸にして時の君主に容れられずチュルゴーは竟に一たび其官を解き朝を去るの止むなきに至れり。然れども當時の識者は擧げて之を惜まざるなし。獨逸の學者は殊に深くチュルゴーの成案を稱揚して是れ全く普相スタインが一意自治制の制定に依り國家の再興を計らんとしたるものと其揆を一にすと論せり。

自治の化身たる普國のスタイン

顧ふにスタインは自治の化身とも謂つべき歐洲異數の宰相たり。當時佛國の侵攻を受け普國の勢大に蹙まり國家の危急旦夕を料られざるの秋に在りき。スタイン乃ち徐ろにナッソーに退き心を潜めて密かに國家再造の策を立てんとせり。時偶〻北方の一都ケーニヒスベルヒの一市民が新に市制の私案を起したることを聞知し乃ち同市耆老の名を以て之を建白せしめ之を基礎として遂に自治制度の端緒を啓きたり。當時此建白書に關する閣

市政一新の寶鑑

議の意見書に言へるあり。曰く『此書は實に市政の一新を畫するの寶鑑たり。若し之を實施せば必ずや市民をして虚文徒法の煩を脱し新に國家に貢獻するの心を養はしむるに足らん。市民に奉公心なからん乎何を以てか能く一國を興すに足らんや』と。亦以て當時如何に自治の創設を以て一國再興の業に資せんとしたるかの一斑を察するに足らん。

我帝國と欽定の自治制

我帝國の自治制度や素と優渥なる　聖旨に依りし欽定の制なり。之に依て先づ地方の經營を完うし以て國家の基根を固うし近く隣保の親睦を厚うし以て一國の民風を興さんことを望ませ給ふは實に　聖意の存する所となす。當時自治制の制定に際し殊に普國の制を參酌する所少からざりしと雖も我國の精華として長く一世に誇るべき國民奉公の精神と公共の情誼とは固より已に他に卓越せるものあり。されば自治の制に依り更に其大

成を期せんとするの念に至りては、之をスタインの當時に比するに寧ろ一段宏遠なるもののあるを覺ゆ。

拿破崙戰爭の普國と日露戰爭の日本

極東の時局一變するや恰かも舊時小國の普魯西を以て敢て佛國の大軍と戰ひたるが如く我帝國も亦國家危急の難局に處し而かも人道の光輝を捧げて世界の最强國に對し斷乎として戰を宣せり。内人心の一致は期せずして國家の根柢を沃し無量の感化を自治の發展に與へたること拿破崙の當年に於ける普國と東西地を異にして勢の相似たるものありしは一見奇とすべきに似たるも寧ろ必然の氣運と謂はざるべからず。我邦今や曠古無前の戰捷を博せり。兵力の戰は既に一たび終止を告たり。然れども將來民力の戰、富力の戰は更に世界海陸の市場に起らん。之れに對するの準備や亦一日の偸安を許るさゝるものあり。知るべし戰後の經營は國力の充實に俟ち國力の充實は地方自治の力に俟つべきもの多きことを。

戰後の經營と地方自治の完整

今嘗みに我邦地方の實狀に就て之を觀るに都市の自治はもと之を歐西の都市に比せば固より遠く及ばざるものあり。然れども郡村の自治に至ては其發達の素養之を泰西に比して必しも遜色あるにあらず。先賢の治、民風の美も亦頗る觀るべきものあり。

我邦農村自治の美點

我郡村の自治團體に就て其治績の觀るべきものを採り其由て來る所を察するに獨り掌理の任に膺れる當局者の淬勵克く事に從ひ團體を見ると猶ほ一身一家の如く殆んど終生の地として熱誠其力を竭せるのみならず其士民の總べても亦相倚り相佐けて共に自治の擁護者たらんとするの覺悟あるに由らざるはなし。

地方人士の篤行

教育の任に在る者は學校を以て社會を訓育するの中心とし兒童より父母に及ぼし延いて一鄕の薫陶を計り或は之を農業の試作地と爲し或は之に附帶して學校園を興せるあり。遠く北米に出稼せる者が自己の無學を悔い教育奨勵の事を建議するや一村之に喚起せられて悉く就學し剩へ移住者の醵金に依りて直ちに數萬圓の教育基金を得たるあり。産業に熱心なる有志の先づ自から美田を割きて一村の共同苗代に供し以て其有利の業たることを示せるあり。所在妻女の心を同うする者又倶に婦人講習會を組織し以て蠶業の改良をば先づ家庭の裡より實行せんとしたるあり資産家にして深く感ずる所あり古稀の壽筵を罷め其貲を捐てゝ徒弟の爲め新に夜學を設けたるあり富豪の自から率先し遠く名士を招きて日曜講話を設け進んで細民の訓育を圖りしものあり。其他青年團體、報德社、產業組合等の組織に依り公德を進め力行を敎へ娛樂の改良、風紀の矯正に亘りて深く其意を用ゆるもの少からず。近ごろ北米の學界は競ふて論文を全國に徵し以て地方自治が學校、家庭及產業の三者と共に互に手を携へて同一の軌道を進むの活手段を究むること甚だ切なり皆我邦の貴ぶ所と其揆を一にせざるなし。

戰時各般の美擧

殊に戰時人心の一たび興起したるの際は各地諸般の施設更に其步武を進め召集林、奉公林、後援林、救護林、又は戰捷林、平和克復林の名に依りて殖林事業を企畫せし者隨處に之なきはあらず。就中廣瀨山の名に依り禿山忽ちにして砂防の工事を竣成せるあり。二〇三高地の稱に依て水利の土工を開設せるあり。皇后陛下の賜金を辱くせし廢兵が其傷める手を以て自から樟樹の植付を爲せるあり。戰歿者の父兄が其子弟偶ゝ名譽の戰死を遂げた

戰時人心の奮興

るを以て一に敎育の賜なりとし賜金の全部を擧げ其嘗て在學せし地に就て紀念圖書館を建てたるあり。出征軍人の家を守れる老母が養鷄の業を營み其獲たる零碎の資を以て恤兵の獻金を爲し其子亦母の志を繼ぎて其戰死の際遺言するに萬一下賜金あらば之を赤十字の事業に贈るべきを以てせるあり。戰時の奮興は延て社會一般に及び街燈の點火を業とせる勞働者が其賃金を貯へて價格以上の軍事公債に應ぜるあり。青年の一群が潛耕隊なるものを作り潛かに出征軍人の耕地に入り勞務に服して毫も報酬を受けず。又出でゝ公の堤塘を築き公の苗圃を耕し其獲る所の賃金を以て之を敎育基金に寄附せるあり。轉じて殖産の方面を見るに戰時勤勞の風を奬めんが爲め精勤せる職工を彰表するに自治團體の力を以てせるあり。或は地方の副業を各種の方面に奬めんが爲め先づ之を學童より始めて以て全村に及ぼし竟に期せずして海外輸出品の一部を爲すに至りしあり。戰時に發奮して一村俄かに數萬圓の資力を增すべき有利の町村是を實行し容易く其効を收めたるが如きは最も意料の外に在りき。凡そ此の如きは其風化の

整理を要する多數の自治體

及ぶ所獨り其地方のみに止らず又併せて一般に其普及を圖るべき好箇の先蹤たらずんばあらず。況んや一萬三千有餘の市町村中尙興復の務を怠り財政の整理未だ其緒に就かず隣保の情誼甚薄うして時に紛爭を事とするものゝ如き亦甚だ多し。是等は更に一層嚴密なる當局の指導監督に須つべきもの多きも團體の各員も亦深く自ら愧づる所なくして可ならんや。

英國農村衰頽の傾向と農業再興論

近時英國の現狀を見るに都市の膨脹殊に著しく其結果として農村爲めに漸く衰頽に歸せんとするの傾向あり。就中其海を隔てたる丁抹の一小國が近ごろ農村の勃興に依り無慮千六百萬圓の鷄卵をば每年倫敦の市場に輸出したるの一事は痛く英國の人心を警醒せり。同國の識者是に於てか農業再興の論を唱へ土地の分貸小作の奬勵より農民の土着家庭の副業に至るまで切りに之が諸方案を講ぜり。殊に農業助成の爲めに低利貸付の銀行制度、農具並に肥料の共同購買法を奬め進んで廣濶なる荒蕪地をば小農又は村邑に分貸し以て耕作營林の用に利せんと圖れるあり。此等は皆英國に於ける農民生活の復興を圖らんとするの苦心に出づ。殊に近時英國に於け

田園都市の理想

田園生活の好譬喩

る農村復興論者の間に起りたる特種の一問題あり所謂『田園都市』又は『花園農村』と稱するもの是なり。其考案たるや之に依りて都會に輻湊せる民人を再び地方に還へし工業生活に加ふるに健全なる農業生活を以てし共同作業、共同購買、共同娛樂の方法を設けて互に相親しみ都市と農村との長所を折衷したる一個の模範的部落を造らんとするに在り。千八百九十八年富豪ハワードが始て之を實行するや當時の政治家グレーをして『全く夢想鄉に過ぎず』としたる田園都市の竟に實現せられしは予の不明なりしを悲しましむるも國家の慶事亦之に過ぐるものなかるべし』と自白せしめたり、其後バッヘングハムは人口一萬を標準として一の模範自治を立案せり、最近に及んで米國の工學者なるゼンネットも亦其精力を傾けて研究したる『田園都市』の大著を公にせり。其序に曰く『浮薄にして惰弱に傾き易き都人士の增加は國家の存立を危くす。此間に於て健全にして氣力あり趣味最清新なる農村を建立するは滔々たる一世の濁流中に巨巖の屹立して之を支持するに相似たり』と。念ふに國民社會に於ける眞面目の人格と剛健なる氣風とは何れの國と雖も多く之を農民の生活に見ることを得べし。さればにや商業本位の英國すら更に國家の爲めに其の長久の基を固うせんとし竟に意を農村再興の事に用ゆるに至れり。

我國農村の將來

今之を我邦に視るに農村に於ける淳朴の美風尚ほ未だ地に墮ちず地方の人民の却て都市に入らんとするの趨向も亦未だ歐西諸國に於けるが如くに甚しからず。然れども近來往々にして既に此の徵候なきにあらず。是れ英國近時の農民再興論に鑑み村邑の整理と培養とが我國將來の國是に於て殊に重大の急務たることを豫じめ唱道して措かざる所以なり。

近世の都市問題

都市問題や素と郡村の問題と其發達の迹を異にし又其の解決の途を同うせず近世都市の發展は歐人之を稱して『近世史に於ける一切問題中の最大問題なり』と爲し一國文化の眉目として相奬め相促し擧げて其力を都市政治の改良に致さざるなし。抑ゝ歐西に於ける都市政治の甚しく其繁を加へたるは主として工業勃興の隆運に伴ひ多數の民衆が爭つて都會に移住し一定の地區に積聚したるに基因す。煤煙天を蔽へる機械工場を出でゝ再

哀しむべき泰西都市の特產物

び暗黑なる地下室に歸る所の細民は言ふを俟たず。寺の門前に棄て去られて啼泣岐に迷ふ煢獨の孤兒やホプソンが嘗て痛嘆せし半知半解の智育のみを授けられ品性の修養を缺きたる無數の學生は皆泰西の都市生活に見るべき特有の產物にして西人深かく之を憂へ百方救濟の道を講ずること久し。若し夫れ風敎を害すべき卑猥なる小說が直ちに市內に傳播するに至りては恰かも地下鐵道に依りて自在に東西を走ると一般巴里一市の公道に於て販賣せらるゝ有害の册子其數一日三萬の大數に上れりと云ふ。是れ佛國の識者が口を極めて痛論せる所なり。統計學者カントリーが嘗て示せる如く『三代相承けて倫敦市中に在り能く無病健全の天祿を保ちし商人を見ず』といへるも他の都市に就ても亦多く見る所の事實なり。凡そ大都市の生活に伴へる此等特種の現象は獨り一國經濟の上に於ける一大缺點たるのみならず併せて又國民の風氣に關する一の病弊たり。蓋し人事繁きを加ふるに隨ひ諸種の弊害亦之に伴ふは數の免れざる所なり。此故に都市政治が市民生活の經濟、風氣の二方面に涉りて幾多解決すべきの任務を有するや亦疑を容れず。

普國の適材尊重の主義

英國の地方愛國心

夫れ歐米を通じて之を言へば自治の發展固より千差萬別にして亦其揆を一にせず今試みに之を輓近の趨向に徴するに鋭意各其完美を期せざるはなし。普國は素と自治の母國を以て自ら任じ其地方の經營は專ら地方共同の利益を主とし人物の任選は多く技能と學識とを標準とす。而かも知名の人物は能く自から進んで其鄕里の名譽職に任ずるを以て寧ろ一身の光榮と信せり。之に加ふるに是等の人物が其身分の如何を恃むことなく能く秩序と紀律とを守り恒に上司の指示を遵守して敢て苟くもせざるの一事は更に喜ぶべきの美風なりとす。今や普國に於ける自治の行政は年を逐ふて繁きを加へ近くは實業補習敎育を以て之を義務就學の制たらしめんとの決議を爲しハンブルヒを初め自由海港の諸市が競ふて其港灣の設備を完うし以て中歐貿易の霸權を握らんとするが如き皆以て近世紀に於ける快心の擧と爲すに足る。英國は夙に商業國の白眉と稱せらるゝ所故に其自治の經營も亦勢ひに驅られて躁急事を爲すことなく深く實利如何を究め公益

「自治の寶藏」「市民の師父」

上已むを得ざるを認めて然る後に始めて之に着手す。其經理の方法財務の用度亦最も周到の注意を用ゐざるなし。是れ洵に商業市民の名に負かずと謂ふべし。都市と村邑とに論なく苟も自治の政治に參與する者は殊に衆望を負へる第一流の人士にして其公德を貴び責任を重んずること他國の遠く及ばさる所なり。此の如く地方の名望ある人士が一意專心團體の爲めに力を竭すを名けて英人自ら之を『地方愛國心』と稱せり。米人も亦之を賞して英國國民の品性は其地方愛國心の裡に於て最明らかに之を見ることを得べし』と言へり。英人は實に名望ある長者を戴いて上司となすことを尙ぶ。されど又學識才能ある少壯の人士を用ゐて之に專門の事業を委任するを喜べり。議會は吏員を任免するの權を有すれども一たび適材を擧ぐれば全く之に信頼するの度量あり。世人も亦都市郡村を通じ地方團體の書記長を尊重して『自治の寶藏』又は『市民の師父』と呼べり。大學出身者にして拔群の成績ある者と雖も尙ほ都市の間を廻りて其職を求め書記の缺員あるを待ちつゝあるは是れ後日此名譽ある書記長たらんことを欲するに依れり。地方が能吏を過することも亦甚た厚し現にバーミングハム市が其書記長に與ふるの報酬を以て之を佛國に於ける内閣大臣の俸給に比するに更らに多きを見たるの一事は近ごろ佛人ルシャン・ブチーが政治雜誌に切言して驚歎措かさる所なり。佛國自治の施設は之を英國に比すれば固より一長一短あるを免かれず。佛人が率先經營の名を博したるは博愛慈善の行政に在り唯其施設や一に賑恤を主とす。故に動もすれば惰民助成の弊を多からしむ。然れども其國自治の施設に係れる質業、業務紹介業、及貯蓄銀行の如きは殊に其盛を以て宇内に稱せらる。加ふるに美術工藝に關する教育事業の如き、市街裝飾に關する施設の如き、皆佛國が自から世界の遊園を以て任とするに負かす。

佛國と農事組合の奬勵

然かも現今隣國の競爭に遇ふて農民の困難を見るや新に冬季農餘の副業を勸めて村邑の復興に務め農事の改良に向つて限りある地に限りなきの利を收むるの道は唯共同組合を普及するに如かずと爲し百方之れを奬勵せり。米國の自治に至りては其の情弊寧ろ觀るに忍びざるものあり。然れども其國既に新興の運に駕し國民の資力亦最も裕にして進取新鋭の氣象

米國大統領と農民土着說の唱道

自ら之を地方經營の上に指すことを得べし。米人又近ごろ惰弱の風を矯めて剛健なる國民を造らんことを勉めり。是が爲め農村に對しては前大統領ルーズベルトの意を用ゆること殊に深く近く自から議院に於て宣言すらく『地方民が偏へに都會の地に聚合するは社會上又健康上甚だ恐るべき危險あり。地方の民は之を地方に還へし之をして土地の上に固着し以て其家庭を作らしむるの必要あり』と。都市に於ても亦切りに體育遊戯の諸問題に留意し其手段として屋內體育場を各地に設け人造游泳場を起し進んで郊外の土地を買收し以て一大運動園を設立せんことに熱中せり。殊に識者は自治團體の情弊を矯むるを急とし國民公德の養成は一に學校及自治の連帶責任に存すとなし兒童の時よりして夙に公共の心を養ふの方法を講じて已まず。其用意の存する所亦愼密なりといふべし。

國民發達の搖籃

抑ゝ自治は國民發達の搖籃にして又國家の光輝と元氣とを發揮するの源泉たり。佛人ポール・ドユボアも亦嘗て自治財政を究むるに當り論じて言へり『各種團體中の初步にして且其根源とすべきは家庭なり。之に次で國民

自治の荷ふべき天職

の休戚に最密接の關係ある第二の家庭は即ち市邑の自治なり。社會の品性と活力とを擧げて其光景を反照せしめ併せて國民の經濟と風氣とを進むるものは即ち此市邑の自治なり。市邑の自治は直ちに社會の明鏡にして又其開發者なり』と。西人自治の任務を重ずること此の如し。念ふに國民をして品性と活力と兩つながら能く之を發揮せしめ一般民風をして秀美にして又有爲ならしめんとは固より尋常の業に非ず。然れども地方の經濟と風氣とを進めんが爲め之が施設を全うするは是れ地方自治の當さに荷ふべき天職にして其消長は繫りて國家の盛衰に關す。

第二章　自治の沿革

古今法を異にす古を以て今を論ずべからず。然れども近世の自治が如何なるものなるかを知らんとするには又遡りて古代及中古の自治を究めざるへからず。自治の沿革を知らんとするは則ち自治の進化を明らかにせんが爲めなり。

古代の自治と其二要素

第一節　古代の自治行政

古代の希臘并に羅馬の自治を以て直ちに歐洲自治體の起源なりとまで論ずるものあり。今希臘、羅馬の自治政治を分析するに二の要素を包有するを見るべし。即ち一は種族的の要素にして他は宗教的の要素なり。即ち此時代の自治團體は其人民を視ること家長が家族に於けるが如し。人民も亦團體に從屬して其保育と指導とを受く。當時希臘に於てはプレタニユムに於て神の爐を備へて永久不滅の火を點じ家長は此の處に集り常に禮拜を行

希臘都市の神意政治

ひ時に神饌を撤し之を以て酒宴を開くを例とせり。兒童の生るゝときは之を神に告げ稍ゝ長じて齡弱冠に及ぶや之を神前に導き必ず團體の宗教を奉ずることを誓はしむ。是に於て始て市民權を有するに至る。又デルハイの社には神箴あり。市民は市の吉凶禍福に關し之に問ひ其旨を聞くを恒とす。神箴は又最巧に二ッの意義に解釋し得る言葉を用ゐて後日の責を免れんことを圖るも市民は之を尊崇して神の宣託なりと信せり。又當時四年毎に行はるゝオリンピヤの大祭に於ては盛んに伶人を招て音樂幷に演戲の盛會を開きたり。然れども此祭典に參列し得る者は古來の舊民族に限り他の種族の民を排斥せり。

羅馬都市の活動

次で羅馬に至りて尙此等の二要素を維持せるを見る。然るに羅馬が漸次其の帝政を擴張するの必要より種族の異同を問はず廣く市民權を與ふるの止むるを得ざるに至りたり。カラカラ帝の代に至りて勅を發して廣く附庸の民に至るまで此の權を與へたり。當時羅馬に於て八個の浴場を設け又は廿八萬人を容るゝに足るべき闘牛場を設け又公立の倉庫を設立して穀類を貯蓄せり。又旣に其の時に於て圖書館を作り七十萬餘卷の書を有せり。此の如くにして都市の政治が其の膨脹を來すと共に羅馬は財政紊亂の端を始め竟に亡國の徵を呈するに至りたり。

第二節　中古の自治行政

中古商業都市の防衞政策

希臘羅馬の古典的都市は已に亡びて世は封建政治の暗黑時代に入れり。此の時代に於ては國家統一政治なるもの未だ起らざるが故に各地の團體は自から保護防衞の策を講ぜざるべからず。此の保護防衞策を取りたる主要なる團體は即ち商業的都市なり。英國の經濟學家アシレーは其の經濟史に於て曰へり『商業政策が國民的の性質を取るに至りたる前に於て商業は總て都市的性質を有せり。其後自治的商業發達して竟に國民的商業なるものを見るに到れり』と。蓋し當時に於ける商業團體は都市を中心として發展せり。殊に獨逸の自由都市の如きは其の同盟の力に依て君主に對抗したり。英國に於ても顯理《ヘンリー》第七世が他國と商業上の條約を結ぶに當りては內國にける商業都市の同意を求めたるの事實あり。此の如く商業都市は其の權力の大なると共に自から兵馬を有し以て諸侯の侵略を防ぎたり。

第三節　近世の自治行政

沿革に由る自治制度の三主義

近世に至り中央集權の端緒を開くや中古の商業團體は之に屈服せられ自から之が爲めに併呑せらるゝに至りたり。當時各國の君主は其の政治上の統一を急ぎ地方の諸侯を排して直ちに進んで地方團體の保護を圖りたり。之が爲め君主と自治體との間に親密なる關係を生ぜり。此くして自治團體は君主の恩典として一種の特權を受くるを例とせり。然れども地方に依りては尙ほ君主の權力甚だ弱きが爲め自治團體の方より進んで之に對抗し自から迫りて自治の特權を得たるものあり。是等の歷史上の關係に依り區別を爲すときは近世の自治制度の沿革を分て三種となすを得べし。則ち第一國家欽定主義の自治制度、第二國家保護主義の自治制度、第三國家對抗主義の自治制度是なり。

第一款　國家欽定主義の自治制度

スタインの國家再興策

歐洲に於て國家欽定主義の自治制度を以て最も著名なるはスタインに由て制定せられたる普國の市制なりとす。當時普國は那翁の侵略を受けて殆んど亡國の徵を呈せんとせり。スタインは己の鄕里に退き徐々に國家再興の計を爲せり。前に述べたるが如く當時偶ミケーニヒスベルヒの一吏員が起草したる市制案あるを聞き其の市の元老の名に由て之を建白せしめ閣議に付し市制々定の調査を始めぬ。彼は國家を再興するの策は人民の公共心を發揮するの外なきを信じ即ち地方の愛國心に由て國家の元氣を恢復せんことを期したり。而して地方の愛國心を養ふには先づ人民をして自ら其地方の經營に參與せしむるに如くはなし。是れ普國の地方制度が先づ地方民の公共心を基礎として之に自治の政治を擔任せしむるの組織を採りし所以なりとす。是より先き獨逸に於ては詩伯アルント起りて祖國愛護の思想を皷吹し尋いで哲學大家カントより思想を傳へたるフヒキテは夙

愛國心と公共心

に『國民は須からく自ら立つべし』と唱へ立國の大義を國人に示したり。是等の傑人が唱道せし燃ゆるが如き憂國の理想は深くスタインの心を感動せしめたるものありと云ふ。

スタイン歿して後ハルデンベルヒ代りて政權を執るに當り先人の政を繼承せずして一たび地方制度の變更を企てたりしに當時貴族と平民との間に屢〻爭論を起し折角の變法を試みたりしも遂に完全なる地方政治を見ることなくして已みたり。然るにウヰルヘルム第一世の時に及で其の英邁の資を以て自から萬機を統攬し一に統治者の力に依て貴族平民の調和を計らんことを期せり。次でビスマルクの援助の下にグナイストの草案に係れる郡制を施行するに及べり。顧ふに普國に於ては千八百五十三年に市制を實施し同じく五十六年之に摸して町村制を實施し以て地方制度全部の終局を見るに至れるなり。其立法の主眼とする所は地方の公益を進めんが爲めに常に國王より自から進んで自治の權利を與へたるにあり。此くして普國の自治制度は純然たる國家欽定主義を本旨とせり。

普國自治制の完成

英國中古に於ける自治紊亂の光景

第二款　國家保護主義の自治制度

英國に於ては政府より進んで新に自治の權利を與へたりと言はんよりも寧ろ中古より各團體が享有し來れる自治の權利を保護したるものと認めざるべからず。抑ゝ英國は他に率先して最速かに國會を造り之が中央の政權に由て地方を支配するの端を啓きたるなり。然るに當時地方團體を利用し之を以て中央政權を保護するの策を取りしが爲め地方の自治體は政治上の餘弊を受けて其の財政甚だしく紊亂の徵を呈せり。當時君主は都市に向て特權狀を下付し其の代りに君主の政略を奉ずべきことを要求せり。玆に於て各地政治運動なるもの盛に起り賄賂公行し所謂『敗德的自治』なるものゝ現はるゝを見るに至れり爰に於て地方の人士は之が積弊を救ふの策を講ずべき必要を悟り先づ地方制度を改革して地方團體の權利を確定せんことを希望せり識者古來の舊慣法を唱へて言へり『自治政治に參與するものは市民なり。政府は濫りに之に干涉すべからず。團體の財產は市民共同

市民の自覺と新制度の制定

の財産にして一部の階級に屬する人士の私すべきものにあらず。自治の機關は人の才能に由て人選すべし勢力家は其の子分の爲めに地位を授くべからず』と。市民は以上述ぶるが如き主義に由りて都市制度を制定せんことを望み千八百三十五年を以て竟に二百六十九條に渉れる大法典の制定を見るに至れり。此くして始めて自治行政の根本法を定むるに及べり。次で之に倣て千八百八十八年州制を制定し千八百九十四年即ちグラッドストン第四の内閣に於て邑制を發布するに至れり。

英佛二國と其立法術の異同

元來英國の制度は實際的なり是を以て法の體裁としては固より佛國及獨國に及ばざること遠し。獨國のライチエンスタインは嘗て英國の地方制度を批評して『多岐なり且繁雜なり又秩序と統一との二ッの要素を缺けり』と言へり。又英國の財政家ゴッセンも嘗て其の自國の地方制度を誹り『法律上の混沌界』と呼べり。彼は之を細別して先づ『機關の混沌』『地域の混沌』『租税の混沌』との三ッと爲せり。元來英國人は通じて形式を貴ばずして實用を重んず。嘗て佛國人ブーメーなる者『英國人』と云ふ一書を著はして英國の立法

最整備せる英國の都市制度

に關する評論を試みたることあり。彼れ其中に曰く『英國人が法律を造るは猶ほ其職工が機械を作るに似たり。彼等は新奇の發明を爲す場合にも改造の必要なき部分は依然として之を存置せんことを好めり。新しき機械を用ゆる場合に於ても改造するに及ばざる限りは力めて舊車輪を保存するを見る。是れ佛蘭西の職工が恒に機械の一部分を改造するときにても序を以て必ず其全部を新調するの風あるものとは大に異なる處なり』と此の如く英人は成るべく古法を存して單に其必要なる部分のみを改むることを以て其立法の例と爲す。是を以て從來英國の制度は公法たると私法たるとに論なく錯綜混亂して所謂『法律上の亂徑』なるものを出現したり。然るに此の間に於て獨り地方制度のみは比較的最整備せる一の法典を成せり。就中市制の如きは秩序整然として多數の歐洲諸國に向て一の模範的法典となれるの姿あり。然れども是等の地方制度は總べて嶄新の意匠に依り制定せられたるに非ず多く古代の自治團體が享有し運用し來りたる特權狀を調査し其中最精密周到なるものを擇び夫を根據として立法せるなり。要は地方自治の舊慣法を保護するを以て理想とせり。故に英國の地方制度は國家欽定主義にあらずして國家保護主義に屬するものと謂はざるべからず。

第三款　國家對抗主義の自治制度

諸侯の專制と市有財產の橫領

佛國の歴史は政府と人民との爭鬪の歴史なり。又君主と人民との葛藤の歴史なり。是れ諸侯と市邑とは屢〻其權力を爭ひ市民は諸侯の爲めに甚しく壓制を受けたるに由れり。君主は時々諸侯の爲めに追はれたる人民に公民權を與へ名けて『君命公民』と稱せり。殊に千六百年の頃には自治團體に對する諸侯の壓制最甚しく其極諸侯の權力を以て市邑財產を橫領するに至れり。當時賢宰相の名ありしコルベールの建白に由りて終に勅語を煥發するに至れり。其勅語の大意に曰へるあり『諸侯が勢に乘じて團體の財產を兼併するときは住民の耕作は廢せられ商工業も亦從て衰へざるを得ず。爲めに社會が蒙むる所の損害は果して幾何ぞや。是故君主は宜しく諸侯の手より團體を救ひ出し其自治の權利を保護せざるべからず』と。此くして地方の

路易第十四世の公職賣買法

團體は一旦君主の保護を受けたりと雖も須臾くして民約論勃興の兆を呈するの頃よりして再び君主に反抗するの勢を呈したり。茲に於て團體と諸侯との爭は轉じて團體と君主との爭となるに至りたり。

次で路易第十四世の時代に至りては公職賣買の制を設け國庫の乏しきを告ぐるときは忽ちにして公選制度を廢して官選制度と爲し官職の授受を以て一の財源と爲すに至れり。當時リセリユの如き名宰相ありしと雖も專政の弊害最甚しかりし。殊に貴族と君主との爭闘最盛にして國民は其の間に在りて殆んど適從する所を知らざるに似たり。之を少くしてチユルゴー一たび出でゝ廟堂に立てり。彼は其の顧問官たるニユモールの力に依りて孜々自治制度の草案を起し之に由て政治組織の混亂を救はんと試みたり。彼は一たび地方に於ける貴族の權力を收めて之を國家の手に統一し再び之を地方に分配して自治の基礎を造らんとせり。チユルゴーの改革案は當時路易第十六世の採用する處と成らずして彼も亦其の位を去れり。然るに地方團體の基礎まだ充分ならずして早く既に那破崙帝制の時に達し俄

無制限官選主義の地方制度

然として中央集權の再顯を見るに至れり。當時人口五千以上の團體に於ては其議員に至るまで帝自から之を選任せり。此くして之を『無制限官選主義の時代』と謂ふ。第一帝政衰ふるに及でルイ、フヰリップの小康時代となり一時は公選主義の制度に反さんことを試みたりしも事遂に成らず次で千八百四十八年の革命に及で一たびは普通選擧の制度を施きたりしも那破崙第三世位に即くに及んで再び無制限の官選主義を再興せり。當時帝政の勢に乘じて各種の土木事業を企てしも地方の議會は依然として之に盲從せる狀あり、

チエールの深慮と一部官選主義

第二帝政衰へて第三共和政治の時代となるや一擧にして民選主義の制度を立つるは事甚だ容易なるが如くなりしも時の政治家チエールは最愼重の態度に出でたり。彼は秩序未だ十分に立たざる佛國に於て卒然極端なる自由主義の制度を施くは反て自治の基礎を紊る所以なりと爲せり。衆亦彼の論を容れ重要なる都市に於ては先づ一部官選の主義を留保せり。其後共和政治の秩序漸く其緖に就くに及んで始めて自治制度の編纂時期に入

れり。乃ち千八百八十四年に到り市邑制度を發布せり。當時巴里、里昂《リヨン》の二大都市の外は總べて民選の主義を取れり。今や官選市長は巴里に於て獨り之を有しセーヌ縣知事を以て市長の職を行はしむ。他は一切市邑議會の選擧する所に係れり。此の制度の大體は英國の制度と其の理想を同くせり。是より先き佛國の學者ルロア、ボリユーの如きは夙に英國の市制を稱賛し佛國の國民にして此主義に則りて地方政治を改革せんことを鼓吹せしが遂に其實行を見るに至りたり。

要するに佛國の地方制度は最後に到りては自治保護の理想より發したりと雖も其沿革を尋ぬるときは多く人民が國家に對抗し以て自治の特權を得たるの事實あり。故に獨國の欽定主義及英國の保護主義に對して之を國家對抗主義の自治制度とは謂ふなり。

第四款　我邦自治制度の特徴

我邦古代の制度は多く種族を基として立法す。當時種族主義の理想は百般の制度に渉りて普及せり。當時氏族は系統を重じ氏は同族の意を表し同族は族長の命を奉ず。氏族には祖神ありて其の祀を愼む事は尙ほ希臘羅馬古代都市が祖先の祭を中心として團結せるに似たり。

斑田の制

次に大化の新制に至りて斑田の制度を施けり。是れ泰西古代に於ける共有地制度殊に露國に於ける『ミル』の邑制と相似たり。印度に於て今日まで存在する處の邑制に就ては古代法の泰斗なるメーンの解説最明晰にして其の大體の組織は我國の斑田の制度と亦其趣を一にする處あり。聖武、孝謙天皇の代に至るや造寺の事盛にして國用足らず。爲めに財を獻じて職を受くるの制甚しく行はれたり。遂に員外國司三十の多きに達せり。是れ路易第十四世の時に行はれたる公職賣買の制度と相似たり。當時官紀一たび亂るゝや按察使の制ありと雖も之を收拾すべからず。遂に國司にして任に赴かざるものあるに至れり。所謂『遙授代官』の制始れり。是れ歐洲中世紀に於て行はれたる諸侯の『代官制度』と相似たり。

莊園と領地制度

藤原氏權を專にしてより以來莊園の制度全國に行はれ白河帝の時代に至りては莊園の廣き未だ曾て見ざる所なり。爲めに土着の人民は専ら其利益を害せらるゝに至れり。是れ歐洲に於ける諸侯の領地制度と相似たり。後三條帝は其の英邁の資を以て一たび七道の莊園を改めて政權の統一を計られたるは尙ほ歐洲に於て英明の君一たび出るや諸侯の權力を殺ぎ自治の保護を以て自から任じたりしものと其の勢を同うす。源平以降は軍國爭亂の世なり。武斷政治の下に於ける地方制度は多く武門の權力を保護するの必要より出づ之より純然たる自治の制度として見るべきもの鮮なし。

五人組制度の本質

降りて德川氏に至り百般の文物稍ゝ備るに及んで始めて所謂『五人組制度』なるもの其完成の域に達したり。五人組制度は家を礎とする一種の團體なり。此團體に於ては相互に檢察する義務を有す。又連帶して租稅を出すの責任を有す。五人組の中には敎育制度あり又慈善の制度をも有す。農業の事、驛遞の事をも包含す。五人組の制度は支那の五保、保家の制に其源を發し歐洲に於ける防衛組合の制度と亦相似たり。然れども我五人組制度と歐洲の防衛組合との異なる點を擧ぐれば彼は純然たる業態主義の團體なるに我は家を基として結合せる隣保主義の團體なり。詳言すれば彼に於ては利害相同じき業務を基礎とするも我に於ては一定數の家を基礎とするにあり。又歐洲の防衛組合は商業保護の目的に起り純粹なる『經濟的團體』なるに反して我は經濟以外に各種の事物を支配するを以て我五人組制度は寧ろ『政治的團體』に庶幾きものあるを認む。此の如く我五人組制度は稍々近世の自治團體に似たる點なきにあらずと雖も猶其の組織は『組合的團體』の性質を有し未だ『領域的團體』の性質を有せざるなり。即ち五人組制度の要素は家にして人に非らず。從て國民其のものを要素とする近世自治の觀念は尙ほ未だ十分に之を認むること能はざるなり。

徳川時代の江戸長崎市制

徳川時代の末葉に至りて江戸の市制に於て始めて町奉行及町年寄の制を見るに至る。尙ほ長崎の市制に於ては町奉行の外通事の職を見るに到れり。然るに是等の行政機關の下には尙ほ五人組制度を存し町内の家主を以て之を組織し道路消防の事を管し或る犯罪に至りては組合連帶の責任を以て之が豫防を爲したり。即ち是等の制度は近世の公共團體と中古の五人組制度との中間に位する一種の經過的法制と謂はざるを得ず。

區町村會法の發布

市町村制と地方團體の完成

明治四年廢藩置縣の時を以て始めて戸長の制度を施きたり。次で明治九年に到り始めて金祿公債の規則を定め又明治十三年に至り始めて區町村會法を制定し地方議會の組織を見るに到れり。此の如く地方制度の統一を見るに至りたるも未だ國家行政と自治行政との區別を明かにするに至らざりき。終に明治廿一年に至り始めて現行の市制町村制の發布を見るに至れり。此の制度に依りて自治行政の範圍を明定し市町村を以て純然たる領域的團體たることを承認し又併せて公民の制度を定むるに至り。此くして自治團體は純然たる公共團體の性質を發揮せり。之を地方團體完成の時期と爲す。當時自治制度の制定は憲法發布に先つこと一年然かも其實施を急ぎたる所以のものは是れ一に中央に於ける政治上の變動を見ざる前に於て豫め地方行政の基礎を固くせんことを期したるに外ならず。現に新制發布の際に於ては時の政府は屢〻此事を以て地方官に訓示し專ら地方團體の發達を完全ならしめんことを欲したり。思ふに我地方制度、制定の主旨は

自治制度の彼我特徴比較

制定當時に於ける　詔勅に之を示さるゝが如く一に隣佑の交誼を厚うし併せて公共の福利を増進せんことを期するにあり。

我自治制度を以て之を普國の制度に比するに二者何れも國家より進んで自治の制を定めたる點に於て是を國家欽定主義と名くることを得べし。只彼に在りてはスタインが國家衰弱の後を承けて之が恢復の氣運を造らんが爲め自治の制を制定したり。然るに我は國運一新、正に順風を逐ふて進むの央に於て益ゝ之を助長せんが爲めに之を制定せり。夫れ普國に於ける正治組織の改革は先づ地方の制度より着手し然る後中央の政體に及ぼさんとせり。是れ佛國が中央より着手して然る後地方に及ぼしたるものと將さに相反す。此點に於ては我地方制度の改革は又普國と其の主義を同うす。佛國に於ては團體が其の自衞の必要上國家に要求して自治の權利を得たるの跡ありと雖我に於ては國家と地方とは常に親和的關係を有し寧ろ國家より進んで己れの赤子として總ての國民を撫育するの精神殊に厚し。是故に我自治制度は更に國家對抗主義の痕跡なくして寧ろ純然たる國家保護主義の性質を具ふるものと謂はざるを得ず。然して我保護主義の理想を以て之を英國に於ける地方制度に比較するに尚ほ少しく異なる點なきに非らず。即ち彼に在りては自治團體に於ける人民軋轢の弊害最甚しきを見るに及んで其團體を救濟せんが爲めに自治制度を制定せり。之に反して我に於ては人民軋轢の弊害が將來團體の裡に及ばんことを恐れ其防備として豫じめ自治の制度を發布せり。彼は事後に於て變法の策を斷じ我は事前に於て新制度を施けり。

第三章　自治の本義

自治の説明に關する二派の學説

近世の學者は自治の本義を説明するに當り大概二派の別あり。一は國家の權力に重きを措きて論ずるもの即ち之を『國家重視主義の學派』とす。二は團體固有の活動に重きを措きて論ずるもの即ち之を『團體重視主義の學派』とす。第一の學派は自治行政を以て國家行政の一部に過ぎずと爲せり。故に又之を中央集權主義の自治論と稱することを得るなり。スタインの如きは此學派を代表する泰斗なり。彼は團體が國家の行政を管理するもの是れ即ち自治なりと言へり。獨逸のヘーネル、ウルブリッヒの如きも亦此説に贊成す。此の學説は中世紀の末一時極端なる專制主義の行はれたる時代に行はれたる自治を説明するに足らん。是を以て近世の自治を解釋すること能はざるなり。

第二の學説は獨逸のグナイストが試みたる專門的研究に由りて大に其の眞髓を發揮せり。其の後レヨニング、ボルンハック等之を敷衍し更に修正を加へたり。グナイストは自治團體を以て國家と社會との間に於ける一種の『中立的機關』と爲せり。彼は又國家の目的と離れて國體固有の事柄を處理するを以て自治本來の主義なりと說けり。彼は英國に涉りて其の自治制度を研究すること茲に年あり。彼は英國に於て其の自治團體が固有の事物を處理し國家と併立して獨立の關係を維持する點を見て之を自己の國法に轉用し以て其の自治行政の意義を明かにせんことを務めたるなり。

折衷主義の學說

近年に至り兩派の學說を折衷して一の新機軸を出さんことを試むるものあるに至れり。マイエルは自治の內容を說くに當りてはグナイストの說を取りて團體の利害に重きを措けり。ローヂンは亦た自治の意義に法律的の意義と政治的の意義との二樣あることを論せり。彼は法律的の意義に於てはスタインの說を取り政治的の意義に於てはグナイストの說を取れり。近頃ステンゲルは其著述に於て各國を通じて自治行政の意義を統一的に說明すること能はずと明言せり。彼は英國に於ける自治の本義は名譽職をして國家の行政に參與せしむるに在りと爲し又獨逸の自治は團體の固有事件にして國家行政に非ずと論ずるに至れり。

此くの如く自治の觀念は學者に由て互に異なる處あるを見るべし。然れども各國の制度を通じて自治の本質を約言すれば地方團體は法律に由て人格を公認せられ法律の範圍内に於て住民に對して權力を有す。團體は國家より委任せられたる權力の主體にして團體の機關之が作用を爲す。是等の機關は國家直接の機關に非らずして團體其ものゝ機關なり。團體の權限は其の源を國家に發し國家は法律の委任に由りて豫じめ團體に對し自治の權限を付與す。而して團體は國家より授くる所の權限に由りて自から其の任務を處し之を完成するを以て國家に對する責任となせり。是れ即ち近世に所謂分任主義の自治なり。此の主義に由て活動し國家の進運を扶けんが爲に地方の公利、公益を全うするは是れ近世に於ける自治本來の作用なりとす。かくして地方人民が其協力に由て共同の利益、團體の福利を計るは自治の團體が自己の責任なるのみならず又國家に對する大なる責任なり。若し自治の團體にして能く此責任を果たす事を得ざるときは則ち地方の憂、國民の恥辱之れより大なるはなく國家の損失も亦之より甚しきはなし。

第四章　自治の趨勢

國家組織中の自治團體

古代の希臘羅馬は『自治的國家』として後代に稱せらる。都市直ちに國家にして國家の政治は都市の自治に外ならざりき。中世紀に及び歐洲の君主並諸侯は其權力尚弱くして一國統一の實を擧ぐる能はず。之が爲め自治團體は各獨立して割據し其勢力の强大なる者に至ては自から軍隊を擁し各自に防衞の道を講じ時に或は諸侯に對抗して敢て下らざることあり。近世に至りて封建の勢全く一變し國家は始めて權力集中の業を大成せり。是に於てか自治團體も亦自から國家組織の中に包括せられ國家統治の下玆に始めて地方自治の存在を視るに至れり。是故に泰西自治の沿革を約言すれば自治即ち國家なるの時代は一轉して自治と國家と相對するの時代と爲り再轉して國家の下に始めて自治あるの時代と爲りしを認むべし。

今や一國の地方自治は即ち國家を中心として行政組織の一分子を成す。故に國家全體と其針路を一にし自治團體は國家に對する奉公の念愈々厚く又地方の公益に向て益々其力を注がんとす。唯十九世紀の初に當てや歐洲近世の國家は其政權集中の勢に乘じて普く國內一切の權力を收めんとしたり。地方團體も亦之れが爲めに其勢力を殺がれ曩に一たび中央政權の脆弱なるに乘じ所在國內に勃興したりし自治の市邑も勢ひ再び衰微に歸せざるを得ざりき。此變動を受くること較や列國に遲れたるは獨り獨逸あるのみにして其他英佛二國に在りては市邑の獨立夙に此の趨勢に驅られて一時全く衰頹の極に達せり。隨つて從來市邑の行ひ來りし政治上の任務も亦擧げて之を中央政府に返還したり。然るに第十九世紀の中葉以降に及んでや人口の增殖殊に著しく民力の發達之に伴ふて其勢甚だ急劇となり忽ちにして地方經營の擴張を促すこと最も切なり。是に於てか自治體の活動復た漸く觀るべきものあるに至れり。近世紀の冐頭に於て更らに留意すべきは普國の自治制に於ける者是れなり。是れ普國地方制度の歷史に於て

普國自治の特筆すべき要項

亦特筆すべきの一要項たり。即ち曩きに一たび地方自治の權力を吸收したる普國の君主が國家再造の策として再び自から進んで地方の自治を復興

したること是なり。學者ケスレルは嘗て『普國自治と其發達』と云へる書を著はし地方制度の沿革を叙して其結論に言へるあり『自治の制は國民と國家との間に於ける一個の連鎖なり。此連鎖の最健全なる創業は歐洲諸國中普國に於て始めて之を視ることを得べし』と。當時封建政治は全く跡を北部獨逸の市邑に絶てり。是を以て新に出でゝ公務に參與したる者は地方侯伯にあらずして總て普通の公民其人なりき。此の如くにして普國の市邑は地方民各自が能く其任務を竭くし隨つて其進歩に秩序あり一般國民も亦能く自治の福利を享くるに至れり。

第一節　普國自治の趨勢

普國の市邑が歐洲各國の地方團體に率先して最も速かに活動の氣運を開きたることは前に之を述べたり。隨つて其行政は今に至るまで英佛二國の市邑に比して大勢の恒に一歩を進むるものあり。顧ふに普國自治の再興は千八百八年地方制度改革の業ありしに基づく。爾來地方行政は始めて國家行政と對立して其區分を明かにし國家は地方事業に對し最廣汎なる意義に遵つて分任の主義を採れり。

獨國自治と概括委任主義

抑ゝ獨國の市邑が二十年以來駸々乎として年一年に行政の發達を致したるは地方自治に對する概括委任の主義が之をして然らしめたること固より明なり。然れども其國民社會の裡に養はれたる公共心の最旺盛なりしことも亦實に自治發達の大原因をなせり。而して公共心の勃興此の如きを致したるは其由りて來りし所を推すに實に二箇の原因あり。即ち普佛戰爭の後國家戰勝の勢に伴ひ士民擧げて其國力を進むるの必要を自覺し地方行政に於ても亦一に此精神を其事業に注ぎたること其一なり。當時獨國民間に於ては産業上の進歩英米二國に比して尙ほ遙に其下に在り且私人個々の資力も未だ猝かに近世の文明に應じて之が必要の經營を起すに足らず。是の故に社會公共の利益に關する事業は寧ろ團體の力に由りて之を行はんとするの傾ありしこと其二なり。而して獨國地方團體が其經營を爲すに當り獨特の長所とすべき者亦二つあり。行政の上に於て常に學術的研究を

普國公共心勃興の二大原因と獨特の二長所

尙ぶこと其一なり。即ち彼等の公益事業を企つるや學理の力に依りて先づ其經營の方法に就き最周到なる審査を遂げ毫も遺算あることなく一たび其成算を信じて之を疑はざるや亦群議を排して之を斷行せり。住民が自治の經營に信賴して疑はず團體公營の事業又日に其多きを致せる所以のもの全く玆に存す。次ぎに其行政の組織に於て專門の技能を有する人物を尙ぶこと其二なり。夫れ自治事業の成敗は一に繫りて人に存す。獨國の自治は最深く意を此要訣に留めたり。小は一局一部の吏員より大は施政統轄の機關に至るまで皆此理想を推し普く適材を網羅せんことを期せり。

自治機關と人物信賴

本來獨國の地方制度は尙依然として階級選擧の制を保持し敢て變更する所なし。蓋し獨人は單に代表制度の改革に由り自治事業の進步を求めんとする者に非ず寧ろ自治の機關を組織する人物其ものに信賴し之に由て行政の局面を一新せんとす。要するに自治を運用する當局者の人物と實力とに信賴するもの之を總括して材能尊重の主義と謂ふを得べし。同國自治の議會組織が尙ほ依然として階級の主義を守ると雖ども其救濟事業、貯蓄銀行、公立質業、保險事業、補修教育、公立圖書館、公立劇場の制度に至るまで社會各方面の階級を通じて其の幸福を增進すべき諸般の行政は却て其進步の最著るしきを見る。是れ主として自治機關を組織する當局其人の材能に歸せざるべからず。

第二節　佛國自治の趨勢

佛國自治の行政は那破崙の帝政時代に在て中央集權の最も甚しかりしが爲め一時退步したりと雖も千八百八十四年の自治制度に依りて再び之を復興せり。曩に革命騷亂の際政治の秩序が全く地に墜つるや夫の著名なる千八百年の法に依り國內の市邑を以て全然之を中央行政の一行政區と爲せり。當時行政吏員の任免は專ら政府の掌握する所にして且自治一切の活動は中央集權の爲め總て甚しく牽制を受けたり。然るに其後中央政治の秩序再び其統一を見るに及び自治行政に關して始めて地方分任の主義を採用せり。然れども其監督權は英國に於ける如く之を中央議會に存せしめ

巴里の老吏アルフォン

ずして依然として之を行政官廳の掌中に存せしむ。

佛國自治の權限や其範圍の廣汎なること略ぼ獨國の制に等し。是を以て行政の發達も亦獨國に亞ぎ英と相比肩せり。念ふに佛國の自治行政に於ては其學術的の攻究之を獨國に比すれば固より遜色あり。然れども其吏員組織に專ら技能尊重の主義を擴充すること却て亦獨國に似たるものあり。是れ政治上の變動多き佛國に在りては寧ろ異數の事と謂ふべし。就中夫の巴里の老吏アルフォンの如きは其死するまで數十年の間孜々として市の公共事業に從事し其終世の治績を擧ぐるときは優に數十頁を滿たすべしと云ふ。米國の公法學家イートンは嘗て佛國の市邑を賞讃し同胞國人を警めたることあり。其一節に曰く『佛國市邑の議會は普通選擧法の實施以來多く專門有識の士を失へり。普國の自治に比して甚しく劣れるは此點に在り。然れども幸にして其專門の吏員を選ぶに當り最嚴格なる試驗の制度を採用す。是れ正さに前失を賠ひて尚ほ餘りありと謂ふべし』と。佛國の地方行政が米國に比して其秩序頗る整然せる所以のものは實に玆に在り。但だ庶民社

市邑に對する監督の愼密

會の間往々にして詭激なる民主主義を沸起せしめ地方の政治は數〻之を迎合するに傾き其極徒らに公共の資產を消費して惰民を助成するの弊なきに非ず。是故に佛國の地方團體に對するや其監督權殊に嚴にして其地方財政に於けるもの最も愼密を極む監督官廳は市邑團體に於ける一切の豫算に對し之が施行前に在て先づ特別審査を爲すの制を定め救貧事業の施行の如きは之を市邑議會の權限より割き別に特別の機關に委任せり。此の如きの類亦皆此目的に外ならず。巴里の都市行政に在ては依然として官選市長の制を改めず國都の救貧事業、業務紹介事業、質事業の如き亦官民兩選の特別機關に依り之が經營を爲さしむ。此の如きは皆之を宇內特異の制と謂はざるべからず。

第三節　英國自治の趨勢

英國の自治行政は近世に至りて其進步の最著るしきを見る。然れども其發達の順序は獨佛二國に比して稍〻其趣を異にするものあり。英國中古の

市公民參政權の獲得

地方行政は永く中央議會の勢に制せられ當時其自治の事業が却て獨佛二國に比して甚しく不振の實ありしは今亦言を須たず。昔し歷代の政府は務めて自治市邑の活動を抑制し之をして專ら王權に從屬せしむるの方針を採れり。之が爲め一時は政府自から自治の名譽公民なる者を官選して一般の公衆を抑壓し自治の行政に膺るべき公民の範圍を縮めて之が公の責任を薄からしめたり。其反動として竟に千八百五十三年の改革を惹き起し市公民は爲めに始めて都市行政の責任を與へらるゝに至りぬ。尋で千八百八十二年市制改正の擧あり。自治行政の發展更らに其一步を進むるに及び英國の都市は俄然として活動し來り頓に其面目を一新せり。爾來村邑の自治制度も亦之に倣ふて其權限の範圍を擴むるに至りぬ。英國の自治制度や發展の順序實に此の如き者あり。而して之を獨佛二國の制に比するに亦自ら一種特殊の點なくんばあらず。英國に於ては自治事業の重要なるものは必らず法律として之を提案し議會の認許を受けざるべからず。所謂『議會の立法的認可權』なるもの尚依然として存するの一事は英國自治制の特徵なり。

二百五十餘に亘れる權限附與の條例

英國の都市に在りて進歩主義を以て最名あるグラスゴー市の如きは諸般の事業に亘りて其經營する所極めて多端なりと雖も悉く議會の認可を經て始めて行はれたるものにして其認可條例の如きは千八百年に於ける都市の再興以來積んで約二百五十有餘の法律を視るに至れり。是佛人フランクビーユーが嘗て其著『英國の議會と其行政』に載する所にして英國自治行政の裏面を描出せんが爲め特に調査せる所なり。要するに英國自治行政の範圍は獨佛二國の自治行政に於けるが如く概括委任の主義に依りて定まれるには非ずして寧ろ反て法律指定の主義を採れり。其地方行政の進歩が一時獨佛二國に比して稍〻後れたるの觀ありしは蓋之が爲めなりしなり。

行政上の監督權と其發展

然るに近世紀に及び更に其歩調を一變し漸を逐ふて所謂『議會認可の制度』を排斥し新に行政の機關に依りて之を監督するの制を創立したり。所謂『行政的監督の制度』なるもの是なり。此制度一たび定めらるゝや地方政務局なるもの始めて英國に設けられ英國の地方行政史上茲に一紀元を啓くに至りぬ。此等の監督制度は其自治事業を刺激すること極めて大なる者あり之をして頓に新興の端を啓かしむるに至りたるは最注目すべき所なり。千八百三十四年に於ける救貧條例の改正は即ち監督制度の實施に於ける第一期の制なり。尋で第十九世紀の央には公共保健條例の發布あり。これ監督制度の實施に於ける第二期の制にして後千八百七十五年更に之を大成し以て自治の事業を助成せり。更に地方の庶民教育が千八百七十年に於ける國庫補助制度の擴張に依り更に新生面を啓きたるは監督制度の實施に於ける第三期の制なりとす。

曩に千八百三十四年救貧監督局の始めて英國に設置せらるゝや當局者は最も鋭意して救貧事業の改良に從事せり。是より先き救貧行政の濫用甚しかりし爲め其弊害亦恐るべきもの多かりき。當時調査委員中の大家ハリエットマルチノーは歎じて言へり『舊來の救貧法は却て勤儉の風を壞り國民の良心を害して之が爲め社會の危險を來さんとせり。其狀恰かも薪を氷上に置きて之を焚くに相似たり』と。尋で監督制度一たび建設せられ救貧の事業も爲めに始めて其弊害を救治せられぬ。是に於て乎マルチノーは再び言明して曰く『新法實施の結果は從前に於ける七百萬磅の救貧費を減じて竟に四百萬磅に下らしめ寺區の救助を受けたる私生兒の數をして亦一年殆んど一萬の大數を減せしめたり』と以て英國救貧事業の如何に面目を一新したるを徵するに足らん。

保健行政と社會の福利

尋で公共保健條例の發布せらるゝや地方政務局の之に據りて自治行政を作興したるの事績亦之に劣ることなかりき、地方政務局は千八百四十三年及千八百四十五年を以て地方民の生活狀態に就き最精密なる實地の視察を行ひしこと前後二回。當時政府は主として地方の衞生狀態に注意し之に對する救濟を如何すべきやに就き最其力を傾けり。全國五十都市に就き當時政府の實査せる所に依れば政府は又其四十三市の下水改良を急とし三十二市の上水設置を最急務とすることを示したり。模範都市の名あるバーミングハムに於てすら尚ほ且市民飲用の水は其色の青きこと宛かも韮の如しと稱せられたるは即ち此時に在りき。爾來各都市共に意を此に留め上水下水の如き保健事業の最急を要する者皆着々として實施せられたり。

保健の事業既に監督制度の下に發暢の端を啓きぬ。是に於てか家屋建築の事業公立浴場並に洗濯場の設備、公立市場、屠畜場の經營其の他公園遊歩場に至るまで亦皆各都市をして之が必要缺くべからざることを自覺せしむるに至れり。此くの如く公共保健事業の重視せられたるは主として監督制度の作用に由らざるは莫し。近くは澳太利の學者レドリッヒ之を評して曰く『監督制度の力に依て興りたる英國の保健行政は其範圍や頗る廣汎にして其内には各種の助長的事業を包めり。其源は寧ろ獨人が所謂社會的福利行政なるものゝ理想より起り其實や遥に其名よりも廣し』と。保健事業の盛それ此の如し。爾來英國都市の人口は郡村に比して驚くべき增加を爲したりと雖ども各都市の衛生狀態は却て益〻好況に趨けり。曰く『保健行政の監督其舊來の方針を一變して以來其死亡比例を少からしめたること最著るしく都市を通じて一年殆んど九萬人の壯丁を助け得たるは自治行政の史上最特筆すべきの事績なり』と。是れ實に米人マットビーが其著『英國地方行政の現勢』に於て激賞措かざる所の讃辭なりとす。

地方敎育の促進策

次に地方の庶民敎育に對する國庫補助の制度が始めて其第一步を發程したりしは實に中央集權を不可とするの物論最旺んなるの時に在りき。然れども國庫の補助は斷乎として實行せられ爾來着々として其好績を收むること寧ろ救貧行政及保健行政に比して更に著るしきものあるに至れり。曩に敎育制度の改革ありしに際し全國二千萬の人口に對して僅に百十萬人の就學兒童を有したるに止まりしも今や三千萬人の人口に對して實に四百三十萬人の就學兒童を有するに及びぬ。英人の無敎育者に關して之が統計の調査を爲すは多く婚姻登記の際を以てするを常とせり。敎育制度改革の際には無敎育者や實に千人中百十一人の多數に上りしも二十年の後には著しく減じて千人中僅に二十八人の少數を算するに至れり。英人が夙に其近世の敎育行政に就き殊に其美を誇るもの亦故なきにあらず。

要するに英國の地方團體は獨佛二國に比して一時進步の甚だしく遲緩なるを免がれざりしも一たび監督制度の制定せらるゝや之が作用に依り頓に其活動を大ならしむるに至れり。監督制度が克く地方の事業を善導して竟に列國に一頭地を拔かしめたるの事實は自治史上に於ける英國の一異彩と謂はざるべからず。

英國自治政史に於ける異彩

第四節　米國自治の趨勢

米國は自から民主の國を以て居る。然れども其自治行政に至りては却て中央干渉の制を採れり。事體少しく矛盾の嫌なきにあらず。矛盾は姑らく之を措き其國や今尙ほ新與の途に在り未だ成熟の域に達せず。隨つて自治の活動も亦歐洲大陸の地方團體に比して稍〻不振の實あるを免かれず。今之を米國に視るに其市邑の成立と並に其權限の範圍は恒に個々の條例を以て特別に之が指定を爲すの主義を採り普通法として一の地方制度なるものあるを見ず。條例は區々にして一ならずされど總て中央議會の定むる所たり。隨つて同國の自治行政は之を英國の制に比するに更に甚しき議會干渉の主義を固守せるものと謂ふべし。

米國の自治と議院の干渉

母法國に見ることなき米國の弊風

米國の地方行政はもと英國を以て之が母法の國となす。然れども之を英

英米自治の差異

國の制度に比せば更らに其趣を異にするもの凡そ二あり。英國に於ては近世自治の行政は實に監督制度の制定に依り頓に其整理と進歩とを促されぬ。然れども米國に於ては所謂行政上の監督制度なる者殆んど之あるを見ず。其地方團體に對するや議會干渉の主義を採るが故に中央政治の波動は勢ひ延いて地方の行政に及ぼさるゝを免かれず。甚しきに至りては地方團體の請願して希望を述べ又は意見を提出することもなきに中央議會は別に意外の條例を議決し濫りに之に對して不急の事業を强ひ無益の公費を徒費せしめ政治に奔走したる運動者を之に加はらしめて以て衣食の資を給することあり。此の如きは數〻米國に視る所の弊害たり。是れ英國の自治と大に其趣を異にする第一の點となす。次に米國に於ける自治市邑の多く活動せず遲々として未だ振ふに至らず其行政の運用恒に拙劣を免れざる者亦他に之が原因なきに非ず。之を當局の機關に見るに概ね專門の技能を尊重するの主義を缺く。此一事は實に一着を英國に輸する所たり。隨つて之を佛國に比すれば更に遜色あり若し之を獨國に較ぶれば正さに全然反對の

頻繁なる吏員の交迭

地位に立てり。現今米國の自治制度に在ては其當局の各機關の如き皆俸給の制に依らざるを原則とし多くは報酬の制を採れり。加之其任期概ね短期にして專門の技能を展ぶるの暇なし。獨佛の都市に於ては專門博識の人士孰れも進んで行政の局に膺り終身其地位に止まりて敢て他を願はざるの觀あり。此の如きは一も米國の市邑に視るべからざる所たり。輓近に及び自治の行政益〻多端なり、米國も亦吏員の組織に改善を加ふる所あり俸給の制度と長任期の制とを採りたるもの之なきにあらず。然れども終身職の制を採る者に至りては竟に未だ之を見るに及ばず。要するに米國の地方制度は未だ吏員をして專門の技能を發揮せしめ特別の機關として之れを發達せしむるに及ばず。故に巡査、救貧の監視人、市内の掃除人の如きすら豫め之が任期を定めて數〻其人を更へ又多く市長の交迭と共に黜陟せらるゝを例とす。近年同國の學者が苟くも地方制度の改革を論じ又は自治改良の問題を唱ふるや必ず先づ吏員任用の制度を改善すべきことを言はざるものなきは洵に其故なしとせず。是れ英國と其趣を異にする第二の點に算ふべ

ボストン市尹告別の言

く其佛獨兩國に及ばざるも亦實に此點に存す。

米國地方制度の缺點此の如くなりと雖も其富力の年を逐ふて大を致すと共に近來都市の繁盛は絕へて各國に見るべからざるの勢を呈せり。人口二萬五千を有する都市は已に百六十を算し十萬以上のもの其數四十の多きに垂んとす。米國都市中學術の淵叢にして亦最趣味に富み善政自から他に範たる者即ち之をボストンと爲す。同市の市長ナタン・マッシユスは嘗て其任期を終へ職を去るに臨み市民に告別して言へり『中央政治の問題は常に世人の耳目を聳動すること最甚しき者ありと雖も國民生活に密接の關係を有し吾人の休戚に直接の影響あるものは市邑の經營是なり。諸子亦深く思ひを玆に致して努力する所なかるべからず』と。米國の識者近年に至りて地方行政を究むるもの益多きは從來の弊風を矯めんとするに意あると共に又世運の進歩に伴ふて市邑の經營を完うせんとするに在り。就中最重きを國民社會と地方經營との關係に置き力を用ゐて此事を極論せる者に至りては米國に於ける自治の經營を以て國の文化を進むる重要の動機と

米國地方經營に於ける遠大の理想

爲し自から遠大の言を爲して曰く『宇内に於ける文明に盛衰の運あるは猶海洋の水に滿潮と退潮とあるが如し。歴史は恒に人事榮枯の變を免れざるものあることを吾人に敎ゆれど吾人は市邑自治の事業に依り一國文明の潮流をして進むことありて退くことなからしめんことを希ふ』と。米國の識者が其地方の民政に於ける矯弊の急を唱ふると共に亦深く自から期するの高き凡そ此の如し。

旣に略ぼ歐米の先進國に於ける自治行政の趨勢を述べ盡くせり。今其次を以て更らに轉じて二箇の國を擇び之が地方行政に就て尙ほ少しく叙する所あらんとす。一は後進國を以て却て民政新興の實ある匈國地方自治の趨勢にして二は即ち歐洲大陸中公益事業の未開國を以て目せらるゝ露國自治の制なりとす。

第五節　匈國自治の趨勢

新興國とブダペスト市の奮勵

匈國の地方行政は新興の勢最速かなるを以て一世の視聽を駭かせり。其國民が獨立の氣概に富み百事進歩を好むの風あるは自から發して其自治の活動に顯はる。彼等は夙に復興の志を抱て未だ時運に會せず今や內其力を民政に集注して已まず。吾人は匈國自治の盛を目して全く人心奮興の餘に出でたる者とし又之を以て興國の理想を發揮したるものと爲す。匈國の首都ブダペストは夙に少壯諸政家が競ふて其濶達の才を振ふの地たり。市民の志氣蔚然として自から其風に嚮へるもの固より必然の事なり。ダニユーブ河の開鑿及其埠頭の建設已に成り市區改正の計亦夙に了り市民は乃ち一轉して專ら其力を社會公益の事業に傾注せり。展望一帶の野に繁茂せる小麥は多くブダペストに聚り國人の發明に係りて世の精巧無比の稱ある製粉器は直ちに之を磨して南歐の諸州に輸出す。此くて都市も亦農產物の集散に應ぜんが爲め宇內最大の市場を建設したり。市場を中心として農商の相交易し都鄙の相接近せんが爲め匈國政府は乃ち首都を中心として一定の圓周內を劃し鐵道の遠近を問はず總て賃錢均一の制を實施せり。都市と郡村とは其の社交及殖產に於て共に密接の關係を生じ庶民の郊外に

ケレシー獻身の業たる民勢調査

住居する者爲めに無比の便を得たり。

交通機關已に成りぬ。民政の焼點は乃ち再轉して保健の制度に推移せり市は先づ終身職として聘せる統計の大家ヨゼフ・ケレシーの建策を容れ一擧にして市民生活の研究を遂げたり。初めケレシーが一たび市の死亡比例甚だしく高しと聲言するや市民は之を目して害意を挾み故さらに都市を誣ゆるものと爲せり。然るにケレシーは毫も顧みず堅忍不撓の志を抱き曾て倦色なし。其後千八百七十一年の民勢調査に依り眞相の全く明白となるや市は竟に住居改良の業を斷行し其結果一年少くとも市民一萬人の生命を救ひ得たり。市民今やケレシーを敬すること神の如しと云ふ。其他同市公立の屠畜場は以て新鮮廉價の食料を市民に與ふるの利便を啓き夏期無料の河中浴場は兒童に無量の娛樂を與へぬ。唯點燈の事業や未だ都市自から之を經營するに至らずと雖も其特許を私人に與ふるに當りては條件を附して之を營ましむ。消費總額の增加するに從ひ之に比例して瓦斯の料金を遞減せしむとの條件是れなり。匈國の國民が鬱勃たる興國の氣に富み落々たる雄心を懷きながら其間更らに意を行政の節目に致し亦能く周密の計を忘れざるもの概ね此の如し。

第六節　露國自治の趨勢

轉じて之を露國に見るに其地方行政の如きは歐西諸國の制に比して頗る其狀況を異にす。

主義を異にせる二大都市の對立

夫れ中央集權を尊ぶの國家に在りては都市が一般社會の風化と至大の關係を有するはもと自然の理なり。特に此社會の風化に對する二大都市の勢力兩々相反對して一國の內に並立せるは是れ全く露國の外他に視るべからざるの現象たり。聖彼得堡は新都なり。而して此新都は文明の門戶に當り又政治の中心として常に進步の思想を皷吹す。之に反して莫斯科は露國創建の舊都を以て自から誇り號して『中華の都市』又は『神聖の都市』と稱す。露國に於ける文明主義を排して自國の精粹を發揮せんとするの世論は常に此古都の中より發せり。世人が聖彼斯堡を目して『國際的都市』と爲し莫斯科

小國家を意味せる露國の村邑

に與ふるに『露國の心都』なる名稱を以てせるは亦洵に所以ありとす。

露國の都市が社會の風氣に對して勢力の大なるものあることそれ此の如し。然るに其都市行政に至ては多く活動せず寧ろ不振の狀あり是れ甚奇とすべし。學者屢〻言へり、『露國の村邑には自治ありされど都市には自治あることなし』と。夫れ露國村邑の制たる古來自治の本體を存して今に之を失ふことなし。所謂『ミール』の制度といふは共有の耕地を中心として全然家族的の行政組織を存するもの是なり、『ミール』なる語は素と『小國家』『小天地』の意義を有す『ミール』の議會は即ち同族會議にして各家長の聚合たるに外ならず。村邑の長は之を『スタロスタ』と謂ひ即ち族長の意を寓す。此村邑の長には團體の長老自から進んで之に任じ其公務を執るの間は首に青銅の鍵を懸け以て其記章と爲す、されど『ミール』に於ては土地共有の結果人の自營心を害し耕作の改良を妨げ往々にして惰民助成の弊なきを得ず。近時に及びて『ミール』制度の改正論を唱ふるものあるに至りたるは全く之が爲めなり。されど一般の露人は尚『ミール』の制を以て同國固有の自治制となし篤く之を尊重す。

萬能の君と自治の民

都市の自治に至ては全く『ミール』の制と其揆を異にす。其制度の如きは歴史の結果に成りしものに非ず。隨て人爲の制法に依り常に變易せらるゝを免かれず。露人恒に揚言して曰く『萬能の君上に涖み自治の民下に在るは即ち露國固有の政策なり』と。然り此政策は實に『ミール』の制に發揮せられぬ。而かも竟に之を都市政治に施し得ざりき。顧ふに露國の市制は千八百七十年に於ける亞歷山第二世の改革に由來し今尚ほ依然として當年の精神を存す。されど當時の改革たる往々にして社會の實況に適せず法制或は實際と調和せざる者ありしと猶ほ異母兄弟の一家に同居して互に相容れざるがごとし。學者乃ち當時の制度を稱して『同胞の整和を失へり』と言へり。就中都

協同心を缺ける都市政治

市制度の如きは此風を帶ぶること最甚しきものあり。都市に在ては貴族及小民等の勢力頗る微弱にして中流社會の商民のみ獨り專橫を極め市會は各種の實業團體が互に割據するの地たるの觀を呈せり。更らに普國の市政より襲用して階級選擧の制を實施するや其結果として資產家恒に勢力を

市會に占む。露人が『市會の權常に商人の掌握する所なり』と歎ぜるは之が爲めなり。佛の學者ルロア・ボーリユーも亦露國都市の事業を論ずるに當りて言へらく『同國都市の市會は獨り其力を商業の問題に傾注するのみ。隨つて都市の政治は權謀術數を事とせる投機者流の跋扈する所たり。「黑團」の異名を得たる起業主は常に市政を以て利益爭奪の具と爲し甚しきは多數の冗員を置きて公費を濫用し委員の俸給甚しきは市費の半に上りしことあり。社會の公益民衆の福利に至りては一人の之を顧みる者莫し』と。商人派の都市に於ける其濫りに專橫を極むること此の如き者あり。加之是等は概して猶太人に屬し其數三百五十萬人に上れり。是故に固有の露人とは本來氷炭相容れざる者なり。協同一致の政治は固より望んで之を得べからず。

露國の都市政治に於けるや其市民團結の實を擧ぐること能はざること此の如し之に加ふるに都市の資力未だ充實せず財政の基礎亦薄弱なり。是れ亦事業蔚興の運に向はざる一の原因たらずんばあらず。蓋し露國に在ては今尙ほ地方費の大部分を擧げて之を警察、監獄、及軍事の爲めに消費し一

國民訓育の程度と參政制度

般公益事業に費す所は其額尙甚だ少し。識者は夙に國民敎育を論じて義務就學の主義を採るべきことを唱へり。然れども市邑共に其財政の困難なるものあり恒に之が障害の一となれり。今首都に就て之を言ふも全市の兒童をして悉く學校に入らしめんとするときは現在の黌舍は當さに其五倍又は六倍の增設を要するに至るべしと云ふ之を要するに露國市政の甚だ不振なるは其原因や實に制度典章に由來するもの少からずと雖も又一般社會を通じて訓育の程度尙甚だ低きに基けり。今若し選擧の制度を改革し一般庶民をして相率ゐて市政に參與せしめんとするも公德の素養尙ほ足らざるものあるが爲め亦之を奈何ともするに由なし。彼等が「ミール」の制に於て已に共同の生活をなすに慣れたるは事實なり。されど都市參政權の擴張を行ひ之に依りて彼等が果して能く村邑共同の氣風を移し之を都市の行政に發揮し得べきや否やは蓋し近世に於ける露國社會の一問題たり。

第七節　我邦自治の趨勢

大戰前後の自治經濟

都市農村の兩立併進の策

我邦に於ける國民敎育の程度や之を露國に比すれば固より霄壤の差あり。從つて自治參政の權を活用し又之を善用するの能力は我の彼に異なるものあるは自から然るべき所なり。近來都市の事業は日露戰役後頓に其活氣を呈するの趨勢あり。是は十年以前に在りて府縣郡市町村を通じて自治經營の費用合計八千九百萬圓なりしもの今や一億六千萬圓の多きに上れり。其中府縣郡費は六千萬圓にして地方費全體の約三分の一に達す。其餘は則ち下級團體たる市町村費に屬す。其內町村に關するものは十年前三千八百萬圓に止りしもの上りて六千六百萬圓となり都市の經費は十年前僅かに千五十萬圓なりしもの今や三千九百萬圓の巨額に達せり。都市經費の著るしく增加したるは港灣、水道の事業其主たる原因にして近年大阪京都二市の電車事業の如き公債に依る獨占事業の著るしきものに屬す。都市の發達は多く農村の衰退を意味するは歐洲各國の通弊とする所なり。我邦に於ても都市の發達年を逐ふて進むと共に幸にして近來農村保護、農村一新の議朝野の間に起り都市農村の改良論は二者兩存併立の策を促すに至れり。

都鄙何れを問はず自治の精神に至りては將來力を竭して之を作興せざるべからず。今之を我地方の實況に見るに隣佑相扶の誼他に比して著るしく敦厚なる農民部落が之に依て比較的美はしき共同生活の實を顯はせるは間ゝ之を實地に見ることを得べし。是等の美風は烏合の衆四方より輻湊して相愛の觀念動もすれば薄き都會に於ては未だ曾て知らざる所なり。夫れ我邦古來の政治は重きを地方の民政に置けり。民に勤勞の風を興し人に敦厚の敎を施すこと至れりと謂ふべし。近く德川氏の時代に至り各藩競ふて功を平和の治に效すや產業を進め遺利を拓き利用厚生の政亦頗る擧れり。民を惠み人を愛し賑恤救濟の事亦大に意を用ゆ。保科政之、池田光政の德化政治、細川銀臺の農業奬勵、津輕信政の植林經營、白河樂翁の矯弊革新の業は皆後人の嘖々賞揚して措かざる所なり。是等の民治に力を盡したる人々は自から復た町政村方の事に至る迄其意を用ゐざるはなかりき。自治の政の如き組織的の制度としては近く之を完成せしも自治の本意は古人の苦心に依りて已に其基を養ひたるの實あり。念ふに將來中央政治の經營や益ゝ多端にして直接に地方の福利公益に關するものは勢ひ之を顧みるの餘力なきに至るべし。而かも地方の福利公益こそ聚りては國家繁榮の基礎となり積んでは國力增進の根本となるべし。則ち知る地方自治の任務は國家の發展に伴ふて益〻其重きを加へて止まざることを。去れば我國民は自治の趨勢此の如きものあるを自覺し進んで廣く知見を海外に求め地方實際の興新に貢獻することの愈大ならんこと是れ吾人が深く期して已まざる所なり。

第五章　自治の基礎

前節に述べたる近世自治の趨勢に就て之を察するに其發展の基礎は一に國民公共心の厚薄如何に由らざるはなし。

國民の教育と自治の改造

夫れ歐米各國が國民の公共心に依り自治の經營を擧げんことを期するや久し。露國は地方自治の點に於て進歩最遲しとの評ありしに近年漸次其非を覺りしに似たり。千九百二年ウヰッテを總裁とせる農政調査委員は亦此點に着眼する所あり建白して曰く『農業の改良は單に區々たる技藝の問題に非ずして其根本は農村及農民の訓育に存す。地方民の教育と自治體の改造とは寧ろ實業振興策の前提とすべき最大の急務となすべし』と。翌年デムチンスキの皇帝に奏議せる所も亦實に之と大同小異にして其言誠に露國固有の自治たる「ゼムストボス」即ち地方議會に於ける公共心の活動を促がすの一事を以て治國の大本と爲せり。

念ふに露國の普通教育は從來舊教の寺院之を掌握し當路の政治家は專

中流民と自治の基本

ら舊敎を保護するに努むるが爲め公費を以て敎育を興すは寧ろ其不可とする所なり。其人口は一億三千萬の多きを算す。然るに就學兒童の數は僅に四百萬を有するに止まる其進步せざると亦甚だしと謂はざるを得ず。之に加ふるに彼得大帝は政略としてもと盛に外國の商賈を招きたりしに今は地方の實業家として各自其私利を逞うせんとし到る處自治の政治を左右して專橫を極め地方の公益は多く顧みる所なし。土地共有の制を存せる村邑の民も亦誅求年に重きが爲め食を逐ふて四方に流轉し一年の多くは宗敎上の祭事に之を費し好んで酒精を飮み沈溺して其餘毒を受け總て向上の念に薄く又進取の氣象に乏し近ごろ露國の事情に精通せるシフブランドは『露國の强弱』と題して其國狀の表裏に亘り之が研究をなせり。露國國勢の不進步を以て所謂「中流民」の發育最遲く且其公德の程度最淺薄なるに原因すとなせり。因て知る自治の基礎は最健全なる「中流民」の力に賴り自治の興廢は此「中流民」に於ける公德の深淺如何に繫ること極めて大なることを。

近代に至り歐米各地を通じて都市人口の殷盛を來すこと殆んど其抵止

する所を知らざるに似たり。是を以てジョセフ、ストロングは其好著の名ある『第二十世紀の都市』に於て都市膨脹の光景に就き颺言して曰く『都市人口の増加は一國を通ずる人口總數の三分の一を吸收せずんば已まざるべし農村は次第に衰へ一國は數十百の都市に分裂せられ其極や所謂都市專有の國家なるものを現出するに至らんことを恐る』と。乃ち『都市の繁榮は之を自然の趨勢に放任せば畢竟私情と私慾とに從て縱横に其弊害を散布すべき利己主義の支配する所と爲り延いて國家の大患を釀すの恐あり』と爲し『都市を改善するの途は最清新なる公共心を興すの一事を措て他に萬善の策あるを見ず』と結論せり。

ハリソンの所謂理想的の自治

凡そ人に公德の精神なく之をして其私心を逞うせしむるときは其弊害の大なる獨り大都會のみならず山村水郭至る所として其共同生活の全きを得べきの理なし。米人ベンジヤミン、ハリソンは此事を憂へて已まず嘗て自から『理想的の自治』は如何なるものを謂ふかとの問題を掲げ其光景を描きて殆んど餘蘊なし。其一節に曰く『之に棲んで風氣健康共に佳良に子弟敎

公益を進むるは無上の名譽

育の途悉く具り民は勤儉力行自から其業を勵んで自營の志あり。富んで敢て傲らず貧うして益〻勞し。團體を通じて民に協同一致の精神ありて苟くも輕薄の風潮に染まず。茲に生を營む者は貴賤を論せず均しく歡喜の情に富み人々其自力に依りて衣食し餘力あれば則ち世の公益を進むるを以て

無上の名譽と信ず。此の如きは自治の好模範と謂はざるべからず。一國の自治は望んで遽かに此域に達すべからず。而かも恒に追ふて之に詣らんことを期すべし』と。洵に知言と謂ふべし。一國の自治を擧げて此の如きに到らしむるの道は國民個々の人格に負ふ所固より大なりとするも殊に共同生活の根本たる公共心の發揮に基くもの最深しとなす。

國民の良心と政治の中心

抑も國家となく地方となく之をして最完美に其行政上の任務を盡さしめんと欲せば勢ひ先づ政治に參與するの人士をして其道義は以て衆の模範たるに足るべき最高度に居らしめざるべからずオストロゴスキーは近く其浩澣なる著書に於て各國に於ける近世政治の趨勢を敍するや到れり盡せり。篇を重ね章を積み竟に論結して曰く『國民政治の要義は畢竟國民の

性格に歸着す。地球が其軸に據りて廻轉するが如く國民政治は常に國民の良心を中心として運行せざるべからず。此良心は道義の上に於ても智能の上に於ても最純明無私のものたるを要す』と。夫れ善美の行政を一國の內に求めんとせば洵に此言の如くならざるべからず。然るに歐米の地方政治に於ては識者の恒に最憂ふる一種の病根あり。利益を目的として公職を爭ふ所の通弊即ち所謂『地方獵職政治』是なり。米人往々『自治の爭利組織』なる語を用ゆ是れ皆地方政治が利慾を目的とする政權爭奪の具と爲れるを誚れるなり。英國の學者にして米國通の大家なるブライスが『米國共和政治』の大著に於て之を米國自治の暗黒點なりとし口を極めて痛論措かざる所以實に此に存す。近く米國社會學の泰斗たるギッヂングも亦共和政治の下に於ける國民公德の薄きを歎じ以て其養成の必要を唱ふるは同じく之が爲めなり。

抑ゝ近世地方制度の改革以前に在りては英國自治行政の狀態も猶ほ米國の今日に於けるが如く。情弊視るに忍びざるもの多かりき。當時一般の公

公德心なき時代に於ける自治の光景

德全く地に墜ち夫のウエロック地方に在ては名望ある者皆賄賂を以て公職に當選するを恥とし各之を避けしより竟に目に一丁字なき者のみ選ばれて名譽職に任ぜられ隨つて公文の何たるを解する能はず朝に出頭して常に白紙に署名したるの奇談を傳ふるに至れり。又デルベー市に於ても之と時を同ふして政治運動の爲め學校の基金を濫用し殆んど其全部を消盡し學事日に廢たれ就學者次第に減少して竟に一人となれるが如き奇觀を呈せり。當時自から管理せる監獄の囚人と鬪ふことを好める至愚憫むべきの邑長あり。水道事業通過の爲め百萬圓の運動費を使ひたる都市あり。密かに學事奬勵金を分ちて之を持歸れる小學敎師ありたるは即ち皆此時代に屬せり。然ども新法實施の後地方に於て一たび公共の精神を奮興せしむるに及んでや偏頗なる政爭心をして遂に全く其勢を逞うするの餘地なきに至らしめたり。是を現今の狀態に見るに歎美すべきの事固より尠からず。名譽職に在るの人古稀以上の高齡に達するも尚矻々として獻身公事に奉じ士民は深く之を德とし相集りて爲に八十年目の生誕祭を營みしあり。又一

英國民風の精采

富者の公德心と英國の公益事業

人の煙草商が其死するに當り其全部の遺産を寄贈したる爲め之に依りて優に五百有餘種の雜誌を具へたる學校圖書館を造りたるあり。博識知名の人にして殆ど世を終るまで市の書記長を勤め爲めに謁見の榮を賜はりたる博士あり。匿名の寄附にて設立せる孤兒院、一人の富豪にて經營したる公園等其數少らず。愛孃の死を哀んで紀念の爲めに起せる不幸なる女子の救濟事業もあり。算し來れば此の如きの美談は固より一にして止らず。之を往時の事蹟に比するに殆んど隔世の感なくんばあらず。此の如くにして英國の自治事業は發達の氣運に嚮ひ年を逐ふて蔚興の兆を呈せり皆公共の道義實に今日の盛を致せるなり。是れ政治學家レッケーが政治の原義を論ずるに當り地方公德の美を以て英國風の精采となし口を極めて賞讃せる所なり。

殊に英國に於て理想的の自治事業を經營するの擧が富者の公德心より出づるは最注意すべきの價あるを覺ゆ近くは富豪一世に冠絕せるカーネギーが其著『富の聖典』の中に於て『人生れて世に處す苟も其踏める所須から

く其地の改良に努め人心の一新を圖らさるべからず』と宣言し其足跡を止めたる地方は到る處に此主義を實行せり。曩に英米兩國の各地に圖書館建設費として八千萬圓の寄附を爲すや千二百九十個の圖書館は既に之に依て其創設を見るに至れり。彼は大學其他工業學校の設立若くは補助の爲めに數百萬圓を寄附し更に海牙の平和宮に三百萬圓米國大學職員の年金基金に二百萬圓を寄附せり。彼れ既に多少の緣故ある地方に對して公共の事業を圖らざるはなし。而して其齡古稀に達して方に退隱せんとせし時其故鄕たる蘇國ダンフハームリン市をして世界最善の都市たらしめんが爲め五百萬圓を出捐し以て『ダンフハームリン財團』を造りたるの一事は彼れの宣言を最も能く發揚せるものと云はさるべからす。彼が財團管理者に對して『諸君の解決すべき問題は公共心に富める人の財產が市民の幸福を增進せんが爲め如何なる働きを爲すかに在り。若し諸君にして能く此問題を解決するを得んか世の富豪者の爲めに餘財處分の新天地を開拓するものにして彼等をして推讓の德を發揮せしむるものなり』と云へり。此の如きは最も能く其面目を活躍せるものにして亦實に富豪覺醒の好警鐘ならずんばあらず『ダンフハームリン財團』は彼の推選に係かれる理事長ジョン、ロッス博士其他數名の理事に依て經營せられ毎年其基金より生ずる二十五萬圓を以て爾來專ら市の改良事業の調査に着手せり。ピッチングリーフ公園の如き舊蹟の趣味天然の美に併せて美術と園藝との精粹を發揮し中には日本風茶寮の設けあり又池邊に日本の菖蒲を栽植せり。興趣深き各種の設備は今や一世の好評を博して足一たび蘇國に入る者殆んど之を訪はざるもののなからしむ。音樂學校、圖書館は更なり尚進んで他に類なき體育學校をも設立し殆ど完成の域に達せり。就中青年者の利益を增進するは夙に財團の一主眼と爲す所にして學童の身體檢査を始め遊泳場運動場の施設一として具はらざるなし。竟には蘇國の文部視學官をして『全蘇格蘭を通じ最も科學的にして且最も完全なるものなり』と稱せしむるに至れり。財團設立の初めに當りカーネギーは其の一大抱負を示し其事業の標準を定めて曰く『將來ダンフハームリンの執るべき進路は未だ他の都市の爲し居らざる事業に在り。既に他の都市の經營せるものは必ずしも之を標準と爲すに足らず」と。而かも其事業を奬むる細心到らざるなきものあり。彼は又管理者に警告して曰く『諸君の任は一に民衆の公益を增進するに在り。是故に常に市民と進退を共にし其事を企つるに當りては勉めて市民の嗜好を高むるを要す』と。人口三萬に上らざる蘇國の一小市ダンフハームリンは斯くして着々改善の實を擧げ殊に財團の最も其力を致せる訓育的事業が漸を以て其の完成の域に達せんとするは一にカーネギーの旺盛なる公共の道義に基くものにして異日富豪の之に倣ふもの多きを見んか其慶や獨りダンフハームリンの一市に止らざるべし。

國民の道義に關するホブソンの所說

近くは米のホブソンも亦經濟問題の解決に關し同じく國民の道義に論到して曰く『世人は概ね社會改良の機關として同じく政治を論じながら多くは國家及自治の權力を擴張し彼等をして務めて產業及財產の大部分を專有せしむるを唱ふるのみ。然れども果して如何なる道の存ずるあり政治機關をして能く此の如き重大の任務を負はしむることを得べきや。世人の

社會に對する深厚なる同情

自治訓練の急務

深く之を究めざるは遺憾の事たり。從來一國の行政機關は往々にして勢權を恃み私利を營むの弊に陷り代表機關の活氣も亦年を逐ふて衰へ行政機關爲めに腐敗して竟に矯正を施すの妙用を全うし得ざるを奈何せん。然らば即ち公益の事業に在て終局の問題とすべきは必ずや常に公事に參與する人士をして其道義を發揮せしむるの一事に歸せざるを得ず。即ち政治機關の運轉をして社會の公益を直接の目的と爲さしめんことを欲せば當路の人をして宜く先づ社會全體に對して深厚にして潔白なる同情を表せしめざるべからず。又在野の人々をして其良知良能を發揮せしめ彼等が支配を受くるの政治機關に對して之が指導を爲すに吝ならざらしむるを要す」と。其言ふ所悉く剴切にして米國の時弊に最適中するを認むるなり。

吾人は今多く我邦に於ける自治の長短得失を比較論究することを欲せず。要は將來に多くの望を置て今日最も多くの力を『自治の訓練』に用ゐんことを欲するにあるのみ。所謂『自治の訓錬』は當局者有志者及青年に向て自治の大切なる事を自覺せしめ公共心を育成するの方法を謂ふ。公民教育是なり。

當局者の講習、良好なる自治體又は篤行者の表彰、能吏の養成並待遇の改良、視察に依る比較研究、不良なる自治の矯正方法等其手段たるや固より一にして足らず。要するに自治の事業をして最完全なる發展を爲さしめんと欲せば其根本義としては宜しく先づ士民の道義を高め其理想をして一に之を地方公益の事に傾注せしむるを要す。地方の改良には經濟の開發と共に人心の開發を忘るべからず是れ何れの諸國と雖も其地方經營に於て最も人格の養成公德の發達を重視し是等を第一の急務と爲す所以なり。

第六章　自治の作用

自治の作用とは則ち自治の運用を論ずるにあり。自治を研究するの趣味は主として此問題に在り。自治は人民の休戚に密接す。自治の作用は多くの問題を包含し人生の在らゆる方面に亘れり。かくて國民生活の消長と盛衰とは多く自治の運用に繫れり。其研究の力を用ゆべきは當然なり。自治の作用を論ずる學者は或は『警察行政』『福利行政』の區別に依るあり或は『收益事業』『非收益事業』の大別を取るあり或は『經濟政策』『風化政策』の二方面より論ずるあり。然るに是等の區分は往々にして形式に失し實益に遠ざかるの憾あり。故に本章に於ては形式的の分類法を避け寧ろ事物の實相を明らかにせんことを主として各國の制度並經營の大體を述べんとす。

第一節　防衛行政

第一款　警察行政

行政の進化は多く警察を以て其の第一歩とす自治の作用も亦然り。學者屢〻言へり『泰西の自治は防衛事業より發達す』と所謂『防衛行政』と謂ふは警察及び消防の如き公安保護に關するものを總稱して之を名くるに在り。水防行政、治罪行政の如きは皆此中に包含せらると雖も是等の行政は大多數の國に於て已に國家の行政に移れるを以て玆には尙自治の權限として存せらるゝ歐西二三の國に就て聊か其警察及消防の大勢を叙せん。

中世紀に當り國家統一の實未だ成らず依然として市邑獨立の形勢を呈したる時代に在りては自治警察の行政や其範圍尙頗る廣汎なるものありき。然るに近世國家が其集權的政治の實を擧ぐるに及んでや一般警察に屬する事項は原則としては固より國家の行政に屬すとせられ隨つて地方警察を有する自治團體の如きは亦主として重きを行政警察に置くに至れり。『自治警察は治安警察よりして福利警察に一變せり』とは行政學家が屢說明せる所にして其福利警察と言へるは食品取締の制度、建築取締の制度、飲酒取締の制度、演劇取締の制度、賣淫取締の制度の如き公共の福利に關係ある行政警察を包含せるに外ならず。

英國都市制度改革以前の陋態

自治團體が其委任せられたる權限に基て警察行政を執行するは英米二國の地方制度を以て最顯著の事例となす。英國都市制度の改革以前に於ける同國の地方警察は殆んど秩序皆無の狀ありき。都市に於ける空地は爛死せる犬猫の屍を以て蔽はれ査斯第二世の時倫敦の大都にすら未だ一の公燈を設けたるを視ず。中流社會の子弟と雖も夜に入りて街路を徘徊し或は窓戸を壞り或は妙齡の婦女を脅すを以て其常戲と爲せり。當時因て市會の決議に依り千人の巡視を倫敦に置き市民をして之に充てしめ以て夜中警邏の義務を負はしむるの制を立てぬ。然れども市民は唯苟くも之を免れんことを計り却て酒樓に相會して逸遊に耽けり毫も其義務を盡すの心なかりき。

英國警察の面目一新

然るに都市制度の制定せらるゝや始めて一定の都市に對し各其設置すべきの警察組織を定め市長及市會中に於て更らに『警察委員』を選擧し警察組織をして之が監督の下に屬せしめり。尋で千八百五十六年新に中央檢閲の制度及國庫補助の制度を設くるや都市警察は玆に始めて其面目を一變せり。而かも其淵源する所は自治制度の改革に依て國民の公共心に一段の刺激を與へ人々都市警察の改良に注意し來れるに由れり。

米國に於ける吏員更迭の矯弊策

米國に於ける當初の地方警察は一に英國の制を襲用せり。然るに都市に於ける政權の爭奪漸次其勢を逞うするに及んでや自治警察は爲めに一變して地方政客の爪牙と爲れり。紐育の如きは千八百四十四年の立法に依りて都市警察の組織を變更し警察長は市長之を選任し其の他の警察吏も亦毎年市參事會に於て之を任免することゝ爲せり。此の如くにして警察吏員の交迭は年を逐ふて頻繁となり處務の熟練行政の整理は竟に之を望み得ざるに至りぬ。千八百五十三年因て此弊を矯めんが爲め市長及其他重要の市吏員をして警察委員局なる者を組織せしめ警察吏員の任免が從來一に市長の專決に屬したるを改め必らず委員局の協議を要することゝなし且警察吏員の進退黜陟を愼重ならしめんが爲め不正の行爲なき間は決して其職を奪はざることゝ爲せり。是に於てか始めて警察制度を持續すべき將來の基礎を確立せり。爾來此制度は益其效果を收め漸次將に各州に傳播するを見るあらんとす。要するに英國に於ける自治の警察は嘗て萎靡不振の狀況にありしと雖ども地方制度の改正に繼で監督制度の創定あり爲めに其狀態を一變して專ら力を公益の保護に致すを見る。米國に於ける自治の警察も亦久しく政治運動の渦中に投せられ其作用爲めに屢次偏頗の傾向あるを免れざりしも近來漸次に之が改善の法を講ずるに至れり。されど其英國に及ばざるは尙ほ甚だ遠しと爲す。

我國に於ては警察行政は國家に屬して之を自治の團體に委任せず。其特に法を以て市町村長に警察權を行はしむることあるも是れ國家直接の機關として之を掌らしむるに過ぎず。將來都市農村の發達に伴ふて各種の福利行政の興るや之を有效に執行するの方便として一定の警察權を自治の團體又は自治の機關に委任するが爲め新に立法問題を發生するの日あるべし。夫れ警察は國民の間に於ける公德の精神に依て一層の效力を倍し來る。人に公德なければ警察の力は徒らに繁を增して而かも益する所甚だ少し。學者數〻米國費府を誚りて敎育の爲めに費すよりも警察の爲めに費す所の額は一年更に七十萬弗の多きに上れるを笑ふ。此くして警察力を補助すべき國民公德の問題は自治の任務として世人の最考慮すべき所なり。

第二款　消防行政

獨國都市に於ける公營の火災保險

地方消防行政の發達は十三世紀の交に於て既に觀るべきものあり。千二百四十年に在つては火災の損害を以て都市の負擔たらしめしことフランダースの法廷に於て嘗て判決せる所に係る。當時消防行政と火災保險とは已に相待て地方の主要問題と爲りしを見るべし。現今泰西の都市中消防行政と關聯して火災保險の事業にも亦公營の主義を採れるは既に獨國の如きあり。第十八世紀の末葉伯林市は夙に自ら之を經營し次でハンブルヒ、ブレスラウ、ケーニヒスベルヒ、ステチン、リユベックの諸市亦之を襲げり。チユーリヒ、バーゼル、其他瑞西の數州に於ても同じく獨國の都市に倣ひ公營の主義に依り州の火炎保險を經營せるすら既に之れあるを視る。北米の都市は自から火災の保險を經營することなきも消防行政に至ては最整備せりとの評あり。第十七世紀の央、同國の都市は夙に火災保護の制度を立て先づ家屋の所有者に命じて各梯子及水槽を具へしめたり。機械喞筒は千七百二年既にボストンの之を用ゐしに始まり爾來漸次他の都市にも及べり。現今自治消防事業が他に比して尙ほ整備せざる者あるは英國なり。市民一人に對する之が經費の割合も亦他の歐洲都市に比すれば僅かに其下に在り。獨國に於ける自治の消防事業は英國に比すれば已に數步を進みたるの狀態に在り。二十の大都市に就て之を觀れば其中市民一人に付十片以下の經費を負擔するは僅かに三市あるのみ。佛國を始めとして拉丁民種に屬する諸國の都市も亦英國に比すれば一段の進步を爲し十萬以上の人口を有する都市は皆有給の消防隊を有せり。米國の都市は木造家屋の密聚する者多きが爲其火災頻繁なるは歐洲諸市の比に非ず。統計學者は數〻市民を警しめて三萬以上の人口を有する米國の都會は年々六萬回の火災に依て六千萬弗の損害を受けつゝありと言へり。殊に千八百七十一年のシカゴ大火其翌年ボストン大火の如きは痛く人心を刺激したり。都市消防の行政は爲めに

米國消防行政の進步

他の自治行政に比して寧ろ長足の進歩を爲せり。今や十一以上の米國都市は警察の爲めに費すよりも更に多額の費用を消防の爲めに投ずるに至れり。

我邦の消防事業

我邦の消防事業や現行の制度に依れば其管理の行政は國家の機關に屬して自治の團體に屬せず。然れども設備の負擔は全然自治の團體に屬して國家は單に設備の準則を示すに過ぎず。將來消防事業に關聯して實施の急を要するもの建物の制限と水道の普及とに在り。前者は警察令の問題にして後者は自治の獨占事業に屬せり。其他地方の人民が互に規約を立てゝ火災を防備し又は消防を幇助するもの多し。是等は隣佑互助の事業として之を觀ることを得べし。米國のウイルコックスは『自治の消防は人に規律を敎へ又義勇を示す。されば消防は外に誇るべき自治の裝飾事業と見ることを得べく又內に於ては市民に多くを敎ゆる一の訓育事業と認むるを妨げず』と言へり。此の如きの觀念は消防を組織する根本の精神として亦之を參酌するの價値あり。

第二節　風化行政

玆に風化行政と稱するは廣く國民の訓育並に其風氣の善導に關する諸般の施設を包含す。今之を分類して敎化行政、風紀行政、娯樂行政、奬儉行政と爲し順次叙述する所あらん。

第一款　敎化行政

各國の地方團體は何れも其力を敎育行政に致すこと深く今や尋常普通の敎育行政以外更に進んで其心を一般國民の社會敎育に用ゆるに至れり。近世の敎化行政は學校の內に止らず學校の外に於ても廣く國民の訓育を目的とす。かくて『民育問題』といへる術語を生ずるを見る。所謂民育問題は單に其人の爲め人を訓育するに止らずして社會の爲めに人を訓育するに在り。敎化行政が自治の作用中最重大の關係を有するは之が爲めなり。

第一項　普通敎育

地方教育事業の中に在て其發達の最も著しきものを普通教育となし其制度の組織體制を具へしは實に普國の創始に係れり。千七百十三年フレデリックウヰルヘルム第一世が始めて教育制度を制定するや全國無數の小學校は之に依て直に其修築を竣へ普通教育の施設始めて其緒に就けり。佛國に於ては千八百三十三年始めて普通小學を各市區に設立せしめ英國に於ても亦同年普通小學に對する國庫補助制度を創め以て之を奬勵せり。爾來歐洲の各國何れも競ふて普通教育の振興に務め今や之を小學教育の制度に見るに義務就學と授業料全免との二個の主義は到る處として其普及を觀んとするに至れり。加之方今歐洲の市邑は更に進んで學童の監督に留意し學校放課の後に於ても父母其他保護者の未だ家に歸らざる間は尙ほ兒童を學校に留めて之を監視するの方法を採れるあり。此の如きを『監督留置の制度』と謂ふ。又學童が家庭の惡化を受くるの恐あるより之を小學校附屬の寄宿舍に入らしむるあり。之を『宿舍收容の制度』と謂ふ。其の他晝食を得るに惱める貧民子弟の爲め學校に於て滋養分に富める溫かき食事を取ら

監督留置と宿舍收容

食料給與と學童浴場及病兒施療

しめんとして『食料給與の制度』を創むるあり。尚延て學校に附屬せしむるに『學童浴場の事業』及『病兒施療の事業』を以てするあり之を要するに近世の市邑に於ては小學敎育の普及問題は既に其効を終へ今や更に進んで其力を就學兒童の保護問題に傾注せざるなし。

兒童敎育と公德養成

泰西の敎育制度に在て近代の新現象とすべきもの實に將來の公民たるに最必要なる公德養成の一事に在り學者是を『兒童敎育の制度と公民養成の制度との聯絡事業』と名く。此問題が公民の道義他に比して尙ほ發展せざる米國の市邑に起りたるは固と實際の必要に迫られしに由る。識者は是を以て自治の腐敗を濟ふべき永遠の計萬善の策なりと信せり。殊に『自治改良同盟會』なる團體あり夙に市街の要地に植樹して其美觀を完うし又攝生を助けしむべきことを唱へたり。クリブランド市は乃ち率先して之を實行し學童をして植樹の勞働に當らしめたり。グランド・ラピード市の學校用地も亦兒童に依りて營まれスプリング・フイルド及びマサチユセツトの兩市に於ては四千有餘の學童を以て之を都市植樹の監視者に充て市中を巡りて害蟲の驅除を行はしめたるあり。夫の米國のコロ子ル、ヴアルニングは市街清潔の制度を研究するを以て名あるの人なり。彼は其意見を紐育市に實行し兒童の一隊を作りて道路掃除の任に當らしめり。嘗て自ら其所信を陳べて曰へり『將來紐育市の市民たるべき此等の小國民は其力に依り此都市をして益〻其偉大を加へしめ又之を淸淨ならしめ其活働を進めて亦之を純潔ならしむるの勞に任せざるべからず』と。米人ウヰルソン、ギールも亦『公德養成同盟會』の牛耳を執れるの人なり。彼は夙に學校の組織を以て之を自治組織に擬すべしと唱へ學校にも市長、市會、市の法廷、市の保健局、市の警察吏を置き職員生徒をして之に當らしめ以て純良なる市民生活を爲すの階梯とし之に習練せしむべしと爲せり。而して此『自治體に擬したる學校制度』は二三の都市既に之を實施し其成功觀るべきものあり。是市政學の大家アルベルト、ショオの明言する所なり。

我邦の特色ある普通教育

我邦に於ける普通教育の事業中に於て少しく出色あるは貧民子弟の爲めにする東京市の特種學校是なり。之が爲め其創立費二萬六千有餘圓を支出せり。所謂特種學校に於ては授業料を徵せず必要なる學用品を給し學校に浴場を具へ病兒の爲めに醫藥を與ふ。此の如きは貧民敎育の制度中に學童浴場の事業と病兒施療の事業とを加へたるなり。只特種學校に附隨して瑞典式の兒童工場並に佛國式の學童宿舍を設くるに至らず。故を以て學校に於ける訓育其厚きを加ふると雖も將來世に立つに當りて往々衣食を得るの途に窮し又退校後家庭の惡化を受けて學校に於ける薰陶の效を薄からしむるに至るの恐あり。泰西諸國に於て最近の流行問題となれる食料給與の事業は我邦に於て未だ普く行はるゝに至らざるも此種の施設は兵庫縣宍粟郡の各町村及島根縣の多數郡村に於て之を見ることを得べし學校と自治の聯絡事業に至りては我都市農村に於て最力むべき所なり。我邦に於ては米國都市の如く自治團體に擬するの學校なしと雖も學童に對し自治事業の趣味を敎ゆる學校は甚だ多し。全國を通じて九千個所の學校園の如きは固より此目的より出づ。學童をして農事改良の補助を爲さしめ公共の事業に參加せしむるが如きも亦皆然らざるなし。東京に於て市民としての心得に必要なる都市の事業並制度に就て一種の學科を授くるは近く之を見るに至りたる新工夫たるべし。殊に地方の青年團體が進んで公共の殖林公共の堤防公共の救助に向て幇助を爲すが如きは皆自治の精神を鼓吹し共同の事業を講習するの好手段たり。殊に島根縣鹿足郡なる青葉村の『卒業生會』が校長を中心として三十歳以下の者二百餘名相會し訓育、經濟の方面に亘り村治を扶くるが如きは敎育と自治との聯絡を計るが爲めには一の趣味ある事業たるを覺ゆるなり。要するに自治の進歩を望む方より言へば兒童の敎育は競爭的精神よりも協同的精神を養ふこそ最急務なるを認むるなり。

第二項　實業敎育

實業敎育の制度に對し率先之を實施して能く其經營を完うしたるは之を白耳義のゲント市と爲す。然れども實業敎育の事業に於て施設最周匝を極むるものは之を獨國市邑の徒弟敎育に歸せざるを得ず。千八百七十八年エムデンに於ける工業徒弟學校の設立は實に其嚆矢にして今や徒弟敎育

普國の徒弟敎育

は延いて諸國に傳播し普國の如きは此種敎育の施設既に五百七十餘を算し索遜の一國を以てするも尙百有餘に上れり。之に加ふるに獨國に於ては意を補習敎育に用ふること最も深し。尙ほ義務就學の主義を擴充して更に之を普通敎育を卒へたる者に適用し兒童の成年に達するまでは一定の期間を定め之をして各自其職業に必要なる敎育を受けしむるの制度を設けたり。此制や既に索遜の都市を始め其他幾多聯邦の都市に普及せるを見る。

補習敎育の強制主義

蓋し補習敎育の強制制度は實に獨國敎育行政に於ける獨特の長所たり。最近の統計に依れば獨國に於ける補習學校の數は約一萬四千有餘其在學生六十有餘萬人に上ると云ふ。

佛英米と實業敎育の消長

佛國に於ては千八百八十年の以前に在ては其實業敎育未だ組織的の發達を爲さゞりしと雖も同年條例を制定して徒弟敎育の施設を自治團體に許るしたるより市邑公營の氣運頓に振興の兆を呈するに至れり。英國の地方團體に於ては千八百八十九年實業敎育令の發布以後漸く活氣を呈し其地方費よりして實業敎育の爲めに支出するもの殆んど七百萬圓に上り其中都市の負擔に屬するもの最も多しとす。英國の市邑を通じて實業敎育を受たる兒童は其數將に約六十萬人に上らんとし政府より稅源を與へて補助する所の經費亦我百八十萬圓に及べり。米國に於ては千八百八十四年始めて實業敎育の事業をバルチモアー市に創始してより以來漸次全國に普及しマサチユセツト州に於ては法令を以て二萬五千以上の人口ある市邑には必ず此種の施設を備ふべきことを命ずるに至れり。

瑞典の「兒童工場」

實業敎育に附帶して玆に紹介すべき一事あり即ち瑞典の首都ストツクホルムに設けられたる『兒童工場』の制是れなり。兒童工場の目的たる第一には保護者たる父母の常に工場に在るが爲め兒童を監督し得ざる者に就き其兒童を集めて作業を授くるに在り。第二には兒童が道路に出でゝ惡戲を爲し若くは浮浪徘徊するを防がんとするにあり。第三には規律と敎習とに依て工藝上の智育を授けんことを目的とす。七歲より十歲までに至るの兒童は午前十一時より一時まで此工場に出入せしめ工場に於て晝食を與ふるを例とす。十歲より十四歲までの兒童は一週の內三日は午後五時より七時迄の間家に歸ることを得せしむ。工場にて採らしむる所の作業は裁縫、製靴、製籠、大工、疊職等にして工場の與ふる食事は即ち彼等が爲せる仕事に對して之が報酬を與うる者と見做し製作品は之を勸工場にて賣却すること
と爲せり。工場の經費は一年一兒童に付約十圓を要すと云ふ。此事業は實業敎育と授產事業とを兼ねたる一種の訓育制度にして資力なき細民の子弟には最も適切なる設備たり。此類の事業は私設の協會に於て經營せらるゝと雖も市の之を助成する所亦甚だ多し。

佛國の小學實科敎育と工場との聯絡

其他歐西市邑の小學校に於て實科敎育を附設する場合には必ずや私立工場との聯絡を取り之を兒童の實習に利用するは最も多く見る所なり。現に佛國巴里の如き百五十有餘の工場は既に小學校との特約を結び機械材料を之に供給せり。

我邦の實業敎育

我邦の實業敎育は全國を通じて公立實業學校二千八百其生徒十五萬人の統計を示せり。其經費は二百六十萬圓に上る。然して此經費に向て國庫は每年三十萬圓の補助費を支出せり。是亦有效なる獎勵策の一なり。英國は租稅を地方に與へて實業敎育を扶け我邦は國庫補助の方便に依りて實業敎

育を興すの方法を採れり。我邦には『兒童工場』なるもの特に之を觀ることなきも小學校には手工科を設置し又は實業學校に附設して夜間の簡易科を置き以て最低の程度に於て敎育と實業との聯絡を圖れり。殊に大分縣別府の徒弟學校に於ては『職工らしき生徒』を造るを以て校憲とし。三重大湊町の造船學校に於ては晝は造船業者の許に行きて業に就き夜分は學校に來りて學業を修むるが如き實業敎育中の最實際的なるものなり。之を將來に察するに農業敎育は各郡村の補習學校に依りて高等及中學程度の農學校と相須て漸次に普及の運に向ふべし。商工敎育に就ては工場の發達と共に強制主義の補習敎育が將來亦立法問題の一として我學界の内に起るなるべし。米人ドウエー嘗て言へり『各人をして其自から執れる每日の業務そのものゝ中に於て人世の大なる意義あり又深き趣味あることを覺らしむべし是れ敎育の本旨なり』と。吾人は實業敎育に於て殊に此言の剴切なるを覺へずんばあらず。

第三項　庶民敎育

英米二國と公營主義の圖書館

佛國の貸出圖書館制度

其一　圖書館事業

社會教育の中に就き泰西諸國の市邑が公營主義に依りて最も其經營に鋭意せるもの之を圖書館と爲す。公共圖書館の制度は米國ボストン市の創意に係り今や三萬以上の人口を有する米國の市邑中其約三分の二は既に公營主義の圖書館を有せり。英國の市邑は公共圖書館の點に於て近來之を米國の市邑に比せば寧ろ活氣を帶ぶるの事實あり。英國を通じてその全國三百五十の市邑圖書館は實に一年六千有餘萬人の閲覽者を裨益す。隨て英國に於ては極めて公立の圖書館を重視し各地方團體の區域に就き一般不動産の價格に應じて之が爲めに特別税の賦課を許すに至れり。佛國の市邑は英米二國の市邑に比して固より遜色ありと雖ども三百有餘の市邑は悉く公立の圖書館を有せざるなく多數の都市は亦多くの教育基金を有し之を利用して圖書館を具へ啻に青年のみに止まらず更に進んで其父兄の爲に計り、法を立てゝ外部に貸出しを爲しつゝあり。獨國の都市に至ては圖書館の經營寧ろ佛國の諸市よりも更に一籌を輸するの傾ありと雖ども所謂

獨國の循環閲覽制度

『循環閲覽の制度』即ち同一の圖書を各地に順次回送し公衆をして隨所に之を閲覽せしむるの途を開き近年特に其力を茲に傾注せり。要するに泰西に於ける公立圖書館の制度や其理想とする所は特に專門の學科に偏重することなく寧ろ一般庶民に對して其知識の普及に應ぜんとするに在り。是の故に米國の市政學者ツエブリンは將來各國の法制が必ずや市邑を强制して公共の圖書館を設立せしむること猶ほ義務敎育に於けるが如くなるの日あらんことを言へり。現に米國ニユー、ハンプシヤイアに於ける千八百九十三年の法律に依れば各市邑の議會は每年必ず一たび公共圖書館の設立に關して之が發案を試みざるべからざることと爲れり。

簡易圖書館と公衆閲覽所

獨國の學者は或は『簡易圖書館』と云ひ或は『公衆閲覽所』と云ふ。以上述ぶるが如き施設に就て論ずるや必らず此等の名稱を用ゆるを常とす。其所謂『簡易圖書館』とは往時の圖書館と其制度を異にし廣く庶民社會の間に亘りて讀書の利益を普及せしむるを主眼とせり。往時の圖書館は主として『尙古奬文の主義』に則り珍籍名著を重んじて力を之が蒐集に致せり。然るに今の圖書館は更らに『實用通俗の主義』を兼ね一般社會の利用を普及せしめんとす。索遜の經濟協會の如き更に簡易圖書館の一として『農業文庫』の必要を鼓吹せること茲に年あり。千八百四十五年フリードリッヒ、フオン、ラウカルは農民の讀書趣味に就き述べて曰く『農夫は讀書の慾も時間をも有することなしと唱ふる者あれども適當の書物さへ供給すれば讀書趣味は從て生ずべし。讀書時間は秘書、書記、樞密顧問官又は國務大臣よりも農夫の方に多かるべし。冬日閑なれば徒らに爐邊に坐して妻と口論し子供を打擲し然る後酒屋へ出遊するに非ずや』と。洵に此言の如し。之に反して英米二國の如きは庶民社會を擧げて一般に書册を愛讀するの風あり。故に實用通俗の主義に依れる圖書館の發達が最も著しきものあるは固より其自然の數となす。獨佛兩國の圖書館制度も亦此趨勢を逐ひし者たり。されど『圖書貸出の制度』『循環閲覽の制度』の如きは特に後者二國の創意に係れり。『公衆閲覽所』とは或は公立圖書館に付帶し或は公立講演館と關聯して發達せるものにして此事業は主として簡易なる雜誌新聞を具へ公衆の閲覽に供して日常生活に必

圖書利用主義

要なる知識の普及を圖るを目的とす。隨て夜間若くは休日と雖も尚ほ之を公開し或は特に貧民の部落を擇んで之を設置するあり。是れ畢竟利用上の便宜より來れるものなり。圖書館制度の研究を以て其名ある米人プトナームは嘗て言へり『近世の圖書館並に閲覧所の制度は圖書集積の主義を尚ばずして圖書利用の主義を旨とせり。單に學者の渉獵と研究とに應ずるの舊思想を一變して廣く公衆の趣味を導き其實用を主と爲すの新思想を發揮せり』と。洵に此言の如し。

我邦の圖書館と其沿革趨勢

我邦に於ける圖書館の起原は舊し。王朝時代に於ける大納言石上宅嗣の芸亭、和氣清麿の子彦世の弘文院、菅原道眞の紅梅殿の如き其の名著し。戰國の世に金澤顯時の武藏に金澤文庫を設けたる上杉憲實が下野に足利學校を創めたるは何れも亦民政史に於て逸すべからざるの好事績なり。曩に明治三十二年圖書館條例設けられ地方團體は主務大臣の認可を經て之を經營することゝなれり。而して近來圖書館關係者は東京市に會して國庫補助の必要を主唱し圖書館の普及を望むの意を表明せり。尚其活動の狀況を見るに既に設けられたる地方公立の圖書館中夜間公開、入場無料の制を採れるあり。又は兒童圖書館、巡回文庫の事業を經營せるあり。圖書館を以て地方敎化の中心となすの氣運は漸次之を促進するに似たり。山口縣立の圖書館、東京市の日比谷圖書館には已に兒童室の設けあり。京都府圖書館の近く建設せらるゝや兒童室には保姆を置て之を監護するが如き亦一進步と謂はざるべからず。吾人が更に研究せんと欲するもの他なし如何に圖書館を活用して之を民育の中心となすべきかの問題是なり。

圖書館に附帶したる民育事業

　圖書館に附帶して更に精神上及經濟上の二方面に亘り廣く民育的の事業を經營するは近代の趨勢なり。吾人は特に泰西に於て最新の施設と稱せらるゝものを擇んで之を叙し將來我圖書館の爲めに一の軌範を示さんとす。先づ述べんとするは千八百八十一年北米ピッツバルグ市に寄與したる『カーネギー館』なり。此事業は廣く市民に向て學術、美術、實業、家政の各方面に亘り簡易實用を主として其訓育を目的とす。詳言すれば最活用に富める圖書館と展覽館とを設け更に加ふるに美術的訓育と經濟的訓育とを計らんと

廣く訓育を兼ねたる「カーネギー館」

するものなり。同館は現今ピッツバルグ市の市營に屬すと雖も其創始者は同地方の製鐵事業の創始者たりしカーネギー其人に外ならず。之が創立の爲には前後千八百萬弗の多きを費せり。圖書館は閲覽部、參考部、工藝部、兒童部を併有し尙家庭文庫と感化文庫なるものを具ふるを見る。閲覽部の特徵は自由の貸出を許し安樂椅子を具へて十分の慰藉を計るの點に在り。參考館の特徵は專門家の爲め特別の資料を陳列するのみならず館內に幾多の專門家を聘し置きて一般市民の質問に應ぜんとするに在り。尙煩劇なる市民の爲めには電話の質問應答を許るせり。工藝部は同圖書館嚆矢の事業にして技師、技手の爲めに設けられ歐米諸國に亘りて參考となるべき特許品を陳列す。

兒童圖書館と兒童掛の養成所

所謂兒童部は他の兒童圖書館と大體に於て異る所なきも特筆すべきは千九百一年以來兒童掛の養成所を併置したるの一事に在り。已に數十名の卒業生を出し其中には遠く歐洲より遊學の爲めに來館せるものありと云ふ。所謂家庭文庫は館員進んで一週一回貧家を訪問し其家庭改良の爲め必要なる書册を貸し與へ其貧兒を近所に招集して趣味ある談話を爲す。

所謂感化文庫は市內の不良少年にして途上に浮浪徘徊せるものを聚めて之に讀書の趣味を與へ以て其惡戯を防がんとするに在り。是等は主として智育、德育を目的とす。同館は廣く庶民社會の美育を計らんが爲め先づ音樂堂を設け日曜の午後には市音樂家を招きて「オルガン」の獨奏を爲さしむ。展覽事業は半ば美術の爲め半ば實業の爲め毎年美術展覽會を開きて名手の新畫を市民に紹介し出品人の投票したる審査委員をして品評を行はしむ又常設として建築室を設け各國の標本を陳列す。博物室には特に探檢部を置き珍奇の標本を蒐集しつゝあり。經濟的訓育の方面に於て同館が新に徒弟敎育を開設したるは特に著るしき發展と爲すべし。殊に夜學部を附設して晝間業務ある者の爲めに便宜を與へつゝあり。近年更に賢母良妻を得るの趣意に依り家政敎育を創めたり。其方法として當時米國に行はるゝ男女混同敎授の例を破りて單獨に婦人のみを集め專ら家庭の修養を目的と爲せり。此の如くにして『カーネギー』館は庶民社會に向て其德育、美育、智育の各方面に向て貢獻する所のものなり。而かも是等多方面の訓育は統一せる組織管理の下に互に相連絡して之を遂行したるは本館の他に優れる特長なりとすべし。『カーネギー館』に比すれば其規模更に小なりと雖市民の間に公共の精神公共の事業を作興せんとして起りたる一種の經營あり之をドレスデン市の『ゲーヘー財團』と爲す。前者は主として市民の私生活を益するの事業にして後者は主として市民の公生活を資けんとするの事業なりゲーヘーは索遜の一牧師の子なり。幼にして孤となり具さに辛酸を嘗め長ずるに及んで同情の念に厚し。夙に商業及經濟の學に長じ處世の才幹あり。社會の爲めに貢獻するの念轉禁ずる能はず。事中途にして深く一般世人が社會の必要に應ずべき活學の尚甚だ淺薄にして從て又公共の爲めに努力するの素養に乏しきを慨き其資產の全部二百萬磅を投じて一個の財團を造くれり。其の目的として標榜する所二あり一は自治團體又は公共事業の爲めに一身を委ねんとする者に適當なる準備敎育を與へんとするに在り。一は自治團體又は公共事業の爲め奔走して私事を顧みるの暇なき人に對し其老後を慰め内顧の憂なからしめんとするに在り。第一の目的の爲めに創じ

公民敎育を目的とする「ゲーヘー財團」

特色ある圖書館

めたるは知名の人を招きて市民敎育に必要なる學術に就て定期又は臨時講演會を開きたるにあり。又國家學、經濟學、行政學、政治學に亘りて有用なる著書雜誌を聚めて圖書館を新設せり。何れも公共の爲め盡力するに必要なる根本の識力を養成するに在り。此くして時事の報道政治の討論に亘る新聞雜誌の類は之を避けて取らず。第二の目的の爲めには名士館を設けて其養老の場所となせり。是れ公共の事業に力を致して犧牲となりたる者の爲めに之を慰藉し困厄より之を保護せんとするに在り。要するに第一は公共事業に盡力する者の爲めにする養成事業にして第二は公共の爲め盡力する者の後援事業に外ならず『ゲーヘー財團』は愼重なる評議を經て千八百八十五年始めて開始せられたり。謂ふに此二個の事業の如き本來純然たる公營のものにあらずと雖も其着眼の要點は皆以て行政上の好資料となすに足る

其二　展覽館事業

公立圖書館に次で庶民敎育の事業中重要の施設となすべきは『公立展覽

美術保護の展覽事業

會」即ち博物館美術館の如きとなす。佛國、白耳義、瑞西の大都市に於ては國立の博物館あるの外尚數多の地方に亘りて美術展覽館の設立せらるゝを視る。其他歐大陸の諸國に於ても此等の諸市に比すれば固より遜色なきにあらざるも尚市邑公立の展覽館を有せざるなし。英國多數の市邑は概して公共の展覽館を有するも之に反して米國の都市にして之を有するものは寧ろ例外に屬せり。公營主義の展覽館はもと美術工藝に依り歷史上の光輝を發揚せんとする一種の國家思想より出でたるものなりと雖も其實際の用に至りては則ち士民をして美術の觀念を養はしめ又心神の休養に資せしめんとするに在り。是れ亦一種の訓育に外ならず。

市民指導の展覽館事業

近世紀の末に至りては公立の展覽館は美術保護の舊主義に加ふるに更に市民指導の新主義を以てし茲に始めて公立展覽館と實業教育とをして互に其聯絡を保たしむるに至れり。就中獨國の都市は此點に關して計畫の最周匝なるものあり。即ちポーゼンに於ては都市自から公堂を建設し職工徒弟の爲めに時々簡易通俗なる講演會を茲に開き又其公堂を利用して之を器械標本の展覽場と爲すの新方法を採れり。プラーグ市に於ける商業會議所は實業博物館と相互に其聯絡を保ち標本の陳列、業務の紹介、質疑の解答を以て之を實業博物館の附帶事業となせり。此くして展覽館を利用し之をして一般に庶民を指導するの制度たらしめんとするは歐洲一般の趨勢とする所なり。

我邦の展覽事業

我邦に於ける自治の展覽事業は縣立、市立の陳列場を以て其最有効のものとなすべし。現今縣にして陳列場を有するもの二十九ヶ所、市にして之を有するもの近く開設せられたる堺市、京都市商品陳列場の如き最顯著なるものと謂ふべし。曩に開設せられたる大阪市の戰捷紀念の博覽會は都市の事業として少しく出色ありたり。我國都市唯一の事業として有名なる京都市の陶器試驗場は其經營甚だ觀るべきものあり。之に附設せる標本陳列場の如きは就中斯業指導の上に實効を與ふること少からず。將來實物指導の方法に依りて世の敎化を扶くるは世人の最着眼すべき自治の事業たるを信ず。

其三　簡易講習事業

簡易講習は庶民教育の事業中亦有益の施設として近年各國に行はるゝを見る。之が爲め學校自ら其中心となるもの多し。然れども有志の團體により之を企て學校に入りて組織的の教育を受くること能はざるものに對し講學實習を爲さしむるもの亦少からず。家政講習の事業は日用生活に最直接の必要あるものなり。其學校内に於ける家政實習の事業は固より之を紹介するまでもなし。學校外に於て廣く庶民を利せんとする家政實習の事業は歐洲諸國中に於て婦人が最も能く家政に長せりとの稱ある獨逸の率先經營せる所なり。同國に於ては夙に『兒童工藝協會』なるものあり。地方自治との聯絡を取り手工業を兒童に授くるを以て其目的となせり。因て工場の附近に其位置をトし勞働者殊に妻子に對して各種の手藝を敎習すべきの設備をなし『兒童の手藝』と題する一の機關雜誌を發行して之が普及を圖り各自治體は之に對して補助金を下附せり。バーデン市にては手藝の巡回敎習を行ひ教師は製造場所在の各市區を巡りて一箇所に就き六週間乃至八週

我國の簡易講習事業

間づゝ講演を開き主として工女を集め之をして家政の講習をなさしむ。就中伯林に於てフロエベル及ペスタロッヂの主義を皷吹せる民育協會と女丈夫アンリエット・シユラードルの力に成れる家事講習事業の如き貧富兩階級を利する特色の設備なりとす。此事業に於て良妻賢母の養成を標榜し先づ女子が幼兒の哺育を自からするの方法を敎へ手工業、園藝、料理、浴場、洗濯の業を訓練す。又時には貴婦人の爲めに慈善事業の講習をなすことあり。近來米國の市邑に於ては兒童に對して切りに花卉蔬菜の栽培法を敎ゆるの道を開けり。米國クリーブランド市に於ては『家庭園藝協會』なるものを設け種子を學校園に寄贈するを以て目的となすあり。ロッチエスター市に於ては兒童のため栽園を學校に設くるの外尚兒童をして各自の家庭に於ても亦之を栽培せしむる爲め種子六千袋を購入して之を分配したり。又紐育市に於ては學童が互に種子の交換を爲すがため『兒童植栽倶樂部』の設けあり三萬人の兒童を以て之を組織すと云ふ。

我邦に於ける青年會、夜學會、子守敎育、壯丁敎育、下婢學校の類は皆是れ一種の簡易講習事業たり。殊に新潟縣、群馬縣の子守、下婢教育にして政府の奬勵金を受くるものあり。將來工業、農業其他各種の業務を通じて簡易の講習を施すは庶民に對する教育活用の一方法にして亦自營奬勵の良策たり。

其四　復習保護事業

復習場と父兄會

學校の放課又は休暇の時間に於て兒童の爲め其復習に便利を與へ又は之を保護するの事業は自治市邑の經濟、他に比して比較的富裕なる米國の都市が近ごろ鋭意實行する所にして「ボストン」市實に之が先驅たり。其主旨とする所は夜間又は夏期休暇に於て空しく廣大なる學校の建築物を閉鎖し之れが利用を爲さゞるは不經濟の極なりとし家庭に在て復習を爲し難き兒童をして自由に出入して勉學を爲すの用に供せしめんとするにあり。校長又は教師の一人必ず居殘りて此等の兒童を監督し之に注意を與ふるの組織なり。「ボストン」市に於ては放課後又數〻父兄會を開き教師と父兄との連絡を圖り且つ兒童をして父兄の面前に在て各種の復習を行はしむ蓋し此の設けあるは其兒童教育の程度をば父兄に知得せしむるの便あるに由る。

其五　學校裝飾事業

學校裝飾の事業も近年米人の間に勃興したる教育助成事業の一種なり。今を距ること約五十年以前ボストン市に於ける『社會學協會』は其市の高等女學校を裝飾するの希望に依り參千圓を市に寄贈し。市は之を以て繪畫彫刻品の類を購入し學校壁上の修飾を爲したり。是れ其濫觴なり。次で千八百九十二年に至り『公立學校裝飾協會』なるもの始めて同市に設立せられ其後十年を經、倫敦に於ても亦之に倣ひラスキンを會頭として殆んど同一の名稱の下に同種の協會を組織したり。近年英國の重要なる自治體に於て其團體の爲めに盡力したる古今の人物を畫き其公堂を裝飾するの風盛に行はれ煤煙市の名あるマンチエスター市に於ても特に名工を選び淡彩畫を以て其市に關係ある歷史の事實を畫かしめ一般市民をして愛鄕の念を養はしめんと圖れり。是れ亦其理想を一にす。學校裝飾の事業は實に歷史の觀念をば夙く兒童の腦裡に注入し將來最完全なる公德心を發揮せしめんこと

英國に於ける公堂裝飾の歷史畫

を圖るに在り。其實例は今や到る處に之を見るを得べし。

我邦の學校裝飾事業

我德島縣富岡町の中學校にては校内を裝飾するに卒業生の寄與に係れる圖書を以てせり。香川縣三豐郡和田村に於て學童が一たび學校園を設くるや村の有司は之を贊助し園内に一の小亭を造りて之を寄附したるも亦趣味ある學校裝飾事業たるを失はず。松本市の小學校に於て日露戰爭の紀念として知名の將軍に請ふて其手澤品を求めて之を陳列し殊に其の地方の名譽ある戰死者の遺物を蒐集し一種の義勇展覽館を設けたるが如き亦最注目するの價あり。其他簡易の方法にして之と其精神を同うするもの各地往々之を見る所なり。鄕土の偉人、功勞ありし先人の遺物を以て學校に供へ裝飾と修養との二ツに意を用ゆるは趣味ある事業と謂つべし。

其六　公開講演事業

公開講演の事業は泰西諸國が何れも有力なる社會敎育の機關として經營する所なり。其目的に二あり。一は兒童に授くる普通敎育を以て之を一般成年者の間に普及せんとするに在り。一は最も平易に高等敎育の利益を一

般人民に了得せしめんとするにあり、

其第一に屬するものは普通敎育の社會利用策にして多く小學校を中心として行はるゝ公開講話の事業に於て之を見るを得べし。米國ボストン市の學務委員は夙に學校を以て社會の中心とし之を以て敎師と父兄との會同機關となすべく之を以て普く庶民を訓育すべき講話會場と爲すべく尙進んで有益なる娛樂の趣味をも加へて貧富偕に樂む所の倶樂部となすべきことを唱へたり。紐育市に於て一般勞働に從事する男女の爲めに開きたる自由講演の如き特に委員マイルス、ブライヤンの盡力に依り驚くべき進步をなせり。其初度に於ては百八十六回の講演を行ひ二萬有餘の聽講者を得たりしに千九百二年の統計に依れば一ヶ年間の聽講者殆ど百萬人に及び之がために費す所の市費亦三十萬圓に上れり。講演の際には或は音樂を加へ或は幻燈を交へ最も聽衆に入り易き方法を以て之を行へり。ボストン市も亦之に倣ひ都市の事業として公開講演を始め千九百年に於ては十八回の講演を開き一萬八千人の聽講者を得たり。シカゴ市に於ても亦此等の氣

學校の活用と社會の中心

運に驅られて『學校利用委員』なるものを設け學校を活用して社會の中心とし依て以て市民の養成を圖らんとしたり。即ち其事業の一として『自由公開の講演』を創め更らに同市『母の會』の利益を進むる爲め亦自由講演を開くを例と爲せり。インヂアナポリス市の學校に於ても同じく學校を利用して『兒女裁縫俱樂部』を設け夜間も尙公開講演を行へり。

大學展開事業

公開講演事業中第二に屬するものは高等敎育の社會普及策とも謂ふべし。英國に於て先づ行はれたる『大學展開事業』の如き其最顯著なるものなり所謂大學展開事業は大學の敎授が地方を巡回し各地に於て公開講話を試み又は貧民部落に居所を占めて其狀態を研究し其訓育を旨とし簡易講話を行ふに在り。近來伯林市なる『フリドリッヒ、ウイルヘルム大學』の學生は共同の事業として勞働者の簡易講習會を設け其會員は一週一回午後八時より十時までの間授業に從事することゝなせり。日曜日には勞働者を引率して博物館を巡回す。此の如きは學生の大學展開事業と謂ふべきなり。中歐諸國に行はるゝ大學展開事業は國民訓育を目的とする各種の協會に依りて

經營せられ自治の經費を以て之を補助するもの多し、

之を我古代に遡るに平安朝の時僧空海が『種智院』を設けて神佛二教を混じ衆人に説話を爲したるは一の簡易講演の事業と謂ふべし、德川時代に於て石田梅巖に依り創められたる心學道話の如き當時儒學は主として武士敎育に心を留めし裡にも商人を中心として通俗の講説を試みたるは固より之を新工夫となさゝるべからず。現今東京市が近く公開講演を開設したる外未だ公營の事業として特に觀るべきものあらず。

其七　感化敎育事業

近年歐米の各國は不良少年感化敎育を重視し多く其力を用ゐるに至れり。是れ亦廣き意義に於ける社會敎育の事業たるを失はず。其趣旨とする所は一は犯罪を未發に豫防せんとするにありと雖も又主として少年を訓育し之を良民に化するを以て社會公益上最必要なりと信ずるに由れり。佛國に於ては浮浪徘徊して他人の累を爲すが如き一種の生活をなすものを名けて之を『社會的癩病』といへり清淨無垢の少年と雖も一たび此社會的癩病の群に入るときは直ちに其惡化を受け竟に不良少年として社會の上に發現するに至るは數の免れざる所とす。曾て佛國の一少年が判事の面前に於て『余は七歲以後社會より冷遇せられ既に獄裡の人と爲れり。故に余の目的とする所は盜賊なり。盜賊より進んで殺人罪を犯すにあるのみ』と颺言し敢て憚る所なかりしはオーソンヴヰールが其著『巴里の少年』と題する一書に叙する所是れ實に近來佛國の識者が感化制度の必要を唱へて止まざる所以なり。想ふに感化制度の發達は歐洲諸國中佛國を以て最も後れたるものの一とす。即ち同國政府が近年急激に之が改良に着手したるもの亦怪むに足らず。竟に千九百年を以て新感化制度を制定し感化院の設立を以て府縣の義務を爲せり。

感化事業の起源

是れより先き社會問題の大家グリスコーンの主唱に依り『惡兒保護所』と名くる者始めて紐育に設けらる。是れ實に公設感化制度の嚆矢なり。其理想とする所を推すに不良少年の保護者たる父兄は概ね貧窮且無學にして少年を撫育するの方便を知らず又其意思を缺くが故に自治體又は國家に於

家庭組織の感化事業

て此等の小國民を善化するの任務を負擔すべしといふに歸せり。然れども當時紐育に施設せる所は單に兒童を普通監獄の手より離し之れを別所に保護すといふに過ぎずして最も彼等に缺乏せる家庭の趣味を加へ之を教育することなかりき。其後千八百三十三年『家庭組織の感化事業』が一たびハンブルヒに起るに及んで始めて不良少年を教育するには智育の外更に德育を以てするの必要なることを證明せり。普國は尙進んで千九百年を以て『保護教育法』を制定し十八歲までの不良少年は之を收容し得ることゝなし同時に國庫補助の制を創立せり。新に『保護教育』なる名稱を撰びて殊更に『感化教育』又は『强制教育』と言はざるは亦意を用ゆる所あるに依れり。同國の教育家は多く感化事業の施行に就て家族組織を重んじ個人の家庭に委托するの良法なることを唱へり。此の如く家庭の趣味を不良少年に與ふることは其訓育の上に最必要なり。されど兒童をして成長の後各自營の途を得せしむるがため之が職業を授くとの觀念に至つては英國を以て最も著しきものとすべし。則ち千八百六十六年英國に『實業院法』の制定あるや感化制度に

授産組織の感化事業

加ふるに更に職業敎育を以てし『實業院』の名を以て之を『感化院』の稱に換へ茲に『授産組織の感化事業』を見るに至れり。尚ほ進んで性質怠惰にして普通敎育に就かざるものは不良少年に準じて別に特種の强制敎育を受けしむることゝなせり。之を『警惰學校』と稱す。近年に及び英國に在りては以上述べたる不良少年に授くる所の職業の種類として更に加ふるに海員養成の事を以てし政府より不用なる軍艦の下付を受け不良少年を此處に收容して後日之をして水兵又は水夫たらしめんとし之に必要なる實習を行へり『感化船』と稱するもの是なり。曩に南阿の戰爭に際し感化船を卒業したる生徒が最も著しき奇功を奏し砲彈雨飛の間身を以て上長官を蔽ひ竟に殉國の死を遂げ名譽の勳章を受けたるの事實あり。感化船の制度は此の如き事例の下に今や諸國の間に頗る其名聲を博するに至れり。獨國に於て近年行はるゝ感化院の海上遠征は亦英國の趨勢に倣へるものにして特別に感化船を設けず遠洋漁業の會社に委托して院兒をして業務を執らしむるに在り

英國の感化船と獨國の海上遠征

亦一の經濟的良法なり。唯斯の如き有効なる英國の實業院も尚多くは州團

體の經營する所に止まり下級の自治團體に至つては未だ多く之が設立ありしを聞かず。然れども米國感化院は却て多く下級自治團體の經營に係かり千九百二年シカゴに開設せられたる感化院の如き最盛大なる自治事業の一たるを見る。嘗て千八百九十九年を以て一萬七千人の不良少年が同市の法廷に召喚せられたる事あり。爲めに世人の注意を喚起して速に之が設立を見るに至れりといふ。夫れ感化教育は監獄改良問題に對しては其前提ともなるへき及時の務めたり。

我感化法の改正と講習事業

現今我邦を通じて未成年の不良少年は既に五萬人を超ゆるの統計を示せり。然るに我邦に於ては既に明治三十三年を以て感化法發布せられたるも之を施行せる者數府縣を出でず。今や改正刑法に依れば十四歲以下の兒童は其罪を罰せざるを以て感化事業の普及は更に其必要を感ずるに至れり。政府が曩に感化法を改正して國庫補助の規程を設け又新に豫算を求めて感化事業の講習を創めたるは一に目下の急に應せんが爲めなり。

其八　善行表彰制度

賞品を與へ又は記章を授くる等表彰の制に依りて善行を奬勵するは亦一種の訓育事業として之を數ふるを得べし。佛國は夙に表彰制度の具はれるを以て名あり。千八百八十六年の勅令に依り已に勤勞賞牌なるものを定め三十年以上勤續して成績顯著なる職工雇人に之を與ふることゝせり。次で社會敎育の一手段として泰西諸國の自治體が善行表彰の方法を行へるもの其例亦少からず。就中最普通なるは公營事業に從事する勤續勞働者に對する奬勵の方法なり。例へば十數年以前獨國カールスルーヘ市にて十年以上勤續せる其勞働者には疾病に際して一定の保養金を與へ且其死亡したる時は一定の遺族扶助料を給せるが如き又同じくウルム市に於ても勤續少くとも二十年以上に及び六十五歲以上にて退役したる者には養老金を與ふるが如き亦然かり。最近の報告に依れる最特異の奬善方法は白耳義ガンス市に於て昨年十月を以て創めし『勤勞女子の表彰事業』なり。是ブリユツセル府の博愛家バステンが十萬法の資金をガン市に寄附し其利子を以て市內の善行者を賞與せんことを申込みたるに起れり。因て市會は調査の結果

カールスルーヘ市と勤續者の奬勵

白耳義と勤勞女子の表彰

特色ある最近の善行表彰事業

先づ一百法をフロランス、スコーフレールと名くる可憐の處女に與へり、處女年二十三歳幼にして母を失ひ今や父及三名の弟と同居し火熨職を業とせり。父は石工なれども其得る所の賃金は以て家族を養ふこと能はず。剰へ時々飲酒に沈溺し娘の切に諫むるが爲め少しは之を節したるも未だ全く禁酒するに至らず。彼女は朝夕其職に勤め休日も其務を休むことなく其一家を養育するの苦心經營は容易の業に非ず。竟に市の表彰する所となれり。此バステンの有效なる寄贈は自から他を誘引し新に十五名の博愛家をして同一目的の寄贈を爲さしむるに至れり。是に於て更に七名の處女を擇び二百五十法宛の賞金を與へり。此第二回に行ひたる表彰に依り賞金を受けたる處女の內には他より五人の遺子を携へて再嫁したる繼母を扶け家族全體の爲めに晝夜を分たず職業に勤め立身の望ある婚姻の申込ありしも之を拒むで依然家業に從事したる者ありと云ふ。

吾人は更に自治表彰制度の參考資料の一として茲に特色ある獨國巴丁婦人協會の事業と英國ダンフアームリン市の義勇奬勵基金の事を追敍せ

巴丁婦人協會と下婢の表彰事業

ざるを得ず。從來我邦にて行はれたる表彰は孝子節婦を主としたりしも近年泰西諸國の例に傚ひて漸く職工勞働者に及べり。然れども特に下婢、女教師、女子事務員、産婆の表彰に其力を盡したるものあるを聞かず。巴丁婦人協會は夙に茲に着眼する所あり。此協會は千八百五十九年伊太利戰爭の時に方り大公妃ルイゼの勸めに依り戰時救護事業の爲めに起りたるも戰後引續き平時の救濟事業の爲めに盡力せり家政教育、保育事業、公開講話等各種の事業を經營しつゝある内にも千八百七十六年同妃の令旨に依り忠實精勤なる下婢の表彰事業を創めたるは就中顯著なる計畫なりとして世に知らる。其方法は二十五年勤續し操行他の模範たるものには銀製の十字牌、四十年以上は金製のものを、五十年以上の者には同上花飾を附したる者を與ふることゝせり。千九百七年までの成績は下級千六百八十八人、中級三百五人、上級九十四人を得たり上級の賞を得たる一人は九十三歳の老下婢にして四代を歷ふるも尙一家に事へて夙に忠實なる良家婢の名あり。主家と共に其生命を共にせり。將來此美風を作興するの傾向ありと云ふ尋いで千八百八年再び大公妃の令旨に依り學校、孤兒院の務に從事する婦人に對して同樣の表彰を爲すことゝし更に之を擴張して產婆に適用するに至れり。

カーネギーの義勇獎勵財團

之と其類を同うせざれども一種の異采を放てるはカーネギーの寄與に係れる『義勇獎勵財團』に於て之を見るべし。同氏は昨年九月、二十五萬磅を出し英國民にして他人の生命を救ふが爲め負傷したるか又は之が爲めに死亡したる勇者の遺族を保護するの目的に供せしめんとせり。此資金は其鄕里なるダンフアーリン市の有志に贈りしより『ダンフアーリン財團』と稱す。彼常に唱へて言へり『昔の英雄は多くの人を殺したりしも今の英雄は多くの人を助く。今の英雄にして人の命を救ひたるが爲め却て己れの身を傷け又は己れの命を失ひたるときは之を保護するは是れ同胞の本分なるべし』と此言や事理當然なりしも未だ嘗て之に向て何等計畫するものあらざりしを以て財團の委員は此擧を目して古來未曾有の快事なりと自負せり。然れども委員は尙最周到に思慮を廻らして如何に義勇賞すべき者ありとも政府に於て恩典を與へ又は事業主に於て之を擔任する場合に財團が進んで之を保護することは其順序當を得たるものに非ずと爲せり。

我邦の表彰事業

我邦に於ける善行表彰の事は王朝時代に於て既に之を觀る。當時忠孝節義の士女あるときは國主の申請に依り朝廷之を旌表し記位を與へ又は戸田租を免じたり。德川時代に至りて少しく民政に力を用ゆる賢君は皆競ふて此事に留意せり。殊に王朝より以降藩廳より表彰を受けたる者の紀傳を著はし之を世人に知らしめんことを期したるもの丶中賴山陽の叔父に當れる賴杏坪が苦心の餘に成れる藝藩孝義傳の如きは其著るしきものなり。當時若狹藩にて成りたる『若州良民傳』に述べて言へるあり『民を治むるは民を敎ゆるに若かず善政は民之を畏る善敎は民之を愛す』と。儒學より胚胎せる德敎主義の政治は多く此の趣旨に依りて運用せり。現今政府は善行者篤行者并に義勇者に勅定の藍綬、綠綬、紅綬の各章を授くるの制あり。而して地方の表彰事業としては香川縣が縣費を以て永く勤續して且職務に忠實なる職工傭人に十年、七年、五年の區別に依りて金、銀、銅の賞牌を與ふるが如き靜岡縣田方郡、島根縣鹿足郡に於て郡費を以て模範農夫、模範職工に賞杯又は金員を贈るが如きは固より出色あるを認む。夫れ都市農村を通じて德行人に秀づる者、勤勞衆に優る者、公共の事に貢獻せる者は之を撰擇して表彰の方法を設くるは一善を奬めて萬善を求むるに在りて風俗を敦厚ならしめ人心を興起するの一策たり。

第二款　風紀行政

風紀行政の限界

近世の風紀行政は法の定むる所に依らず苟くも個人の私行に干與することなし。唯其私の行爲にして苟くも公共の利害に關係あるときは始めて之が節制を加ふることあるのみ。泰西市邑の風紀行政中に於て其最著るしきものを『節酒制度』と爲す。

米國に於ける二種の節酒制度

米國に於て千八百九十七年より千九百三年に亘り繼續して調査せし所に依るに貧困の原因中平均百分の二十五は飲酒なり。又小兒遺棄の百分の四十五は飲酒之が原因たり。かくて米國に於て節酒制度に關し講究すること今日の事に非ず。現今米國に於ける節酒制度には『政府制定の禁止主義』と

『地方任意の禁止主義』との二種あり。販酒禁止の制度は法律に依りて藥用の外酒類の販賣を禁止するものにしてメーン州を始め他の五州に於て之れを行へり。販酒の地方禁止制度は其採否一に地方議會の撰擇に存するものにしてマサチユセット州に於けるカンブリッヂ及ソンマルビール市の如きは人民總會に於て評決し今に至るまで之を持續して其區域内に販酒禁止制度を布ける著名の都會たり。要するに制度實施の効果如何は暫く之を措き禁酒節酒に關する地方制度の昌んなるは一に之を米國に推さゞるを得ず。瑞典那威の重なる都市に於ては市民の犯罪並に疾病が多くは不節制なる飲酒の結果に基けるを見るや酒類專賣事業を一個の私設會社に特許し各種の條件を付して純良なる酒類を賣らしめ且併せて其利益の一部を以て都市の公費に補充したり。此の如く矯風政策と財務行政との二點に於て一擧兩得の制を立てたるは歐洲に於ける節酒制度中最顯著の事業たり。

那威瑞典に於ける一擧兩得の節酒制度

瑞典那威に於ける此矯風行政は學者之を『會社組織の節酒制度』と謂ひ俗に『スカンデナビヤン制度』と稱す。同國ゴッテンブルグ市が之を創始したるより亦此制度を『ゴッテンブルグ式の組織』とも謂へり。唯那威の制度が瑞典の制度に比して異なれる所は瑞典に於ては會社より徵收したる利益金は一般自治の費用に充つると雖も那威に於ては之を自治の義務費に充つることを禁じ社會教育、公園、娛樂浴場の事業に用ゐることゝ爲せるに在り。是れ節酒の風を勸むると共に他に有益なる事業を起し市民を之に誘引せんとするの理想に基けるなり。此の如く二國の節酒制度は少しく其揆を異にすと雖も販賣收益の一部を徵收するは二國の制度を通じて其特徵とすべし

英國に於ける酒舖制限制度

英國市邑に於ても米國市邑と等しく地方人民の評決に依り一定の區域に於ける酒舖の數を制限することを得せしむるの制を取れり。是れ亦實に英國節酒制度の特長たり。然るに歐洲大陸中第一流國の都市は地方團體としては風紀警察の權限を有せざるを原則とす。此故に酒舖取締に關する事項は多く國家警察の管轄に屬するを以て自治行政としては之を敍することを得ず。

念ふに近世節酒制度の問題は曩に瑞典の一牧師ペーターが兵役の檢査

に當り百八中三十六八の不合格者を擧げ總て飮酒に原因するの事實を發見したるに出づ。ペーター乃ち東西に奔走して痛言已まず終に八千八の同意者を得て政府に請願したるより更に人心を動かせり。近頃に至り英人ラーンチユリーは最深く瑞典の制度を研究し其意見を發表したり。其說に依るに『瑞典制度の方法組織は直ちに之を採用することを得ざるも節酒事業に於て制止的の要素と善導的の要素とを具へ一方には飮酒の風を矯むると共に一方には有益なる娯樂の方法に依りて之を他に導くは地方自治の最も注意すべき所なり』と言へり。

飮酒制止と有益なる娯樂の善導

我邦に於ては明暦大火の後又寬文十年の凶作當時は節用制度の一として新に市城內に造酒又は販酒を爲すを禁じたることあり。然れども其後年豐かなるに及んで此禁を解きたり。是を以て見るも始めより風紀健康の保護を目的とせず寧ろ勤儉奬勵の趣意より出でたるを知るべし。現今の制度としては未成年者喫煙禁止の制はあれども未成年者に販酒禁止の法案は屢〻發案せられて未だ尙通過の機運に至らず。靜岡縣濱名の湖邊に村櫛村

米國雜居生活の調査

といへる一村あり茲には庄屋時代より酒販賣の獨占を爲したる舊慣ありき而して今尚其規約を存するを見る。夫れ將來の節酒問題はランチユリーが所謂有益なる娯樂に善導するの工夫こそ先づ第一に講究すべき所なり。單純なる消極の禁止若くは制限の制度に至りては其勞多くして得る所少し審さに其利害得失を究めざるべからず。

更らに賣淫取締制度の傾向を視るに曩に第十七世紀より第十八世紀の後半に至るまでは國家は賣淫を以て單に刑罰に處し重刑を課するを事とせり。然るに伊太利の大家ベツカリヤの著書一たび世に出でしより以來國家及都市は風俗の壞亂と病毒の傳播とを防止するの制度に苦心し最も其力を用ゆるに至れり。警察の權限を有する現今都市の行政制度も亦此針路に向へり。賣淫豫防の制度は近來米國都市の一問題として識者の最深く研究する所と爲れり。殊に都市行政の著を以て名あるウヰルコツクスは米國大都市に於ける婚姻比例が比較的に寡少なる統計より考へ又細民に適すべき住居の甚しく缺乏する關係より察し市民をして惡風感染の機會を迅

社會の惡德を防止する四種の方法

速ならしむるの内情に就き之が極論をなせり。千九百二年を以て夫の有名なる『十五人調査委員』の手に成れる『社會の惡德』と題する報告書は其中紐育市の現狀に關して一定の家庭なき青年の男女が四方より來りて市街に群集し責任と監督とを缺ける聚合雜居の住居を爲せるは其必然の勢として諸惡誘引の原因たるべきことを説明し此風潮に對する豫防制度として四種の計畫を唱道せり。即ち其第一は惡行の叢淵たる貸屋制度を改善するにあり。其第二は貧民勞働者殊に其女性の生活狀態を改良するにあり。其第三は適切なる娛樂の機關を擴張して庶民の嗜好を之に轉ずるにあり。其第四は感化院を增設して不良少年を矯正するにあり。

近年我邦に於て各種の矯風事業が風俗の改良を目的として興れるは甚だ喜ぶべき事なり。殊に警察官吏の手に依りて淫逸賭博の風熾んなりし部落が竟に化せられて勤勉貯蓄の範を他に示すに至れるもの京都市附近の柳原矯風會に於て之を見るべし。此矯風會の中には婦人部、衛生部、兒童部等を設けて品性の修養に注意せり。殊に人力車四十臺を備へて之を貧民に貸付け勞働を奬勵せるは他に其例を見ざる所なり。本會の成績年を逐ふて擧り竟に京都府廳の表彰する所となれり。三重縣が近年特種部落改良の策を取るに決し特に專門の篤志家に囑託して其風儀を改め其職業を興すに鋭意力むる所あるも亦觀るべきの價値あり。安濃郡塔世村と稱する部落の如き『英寅會』と稱する矯風事業を開設せり。此會に於ては住居の改良を企てゝ自から家庭の改善を期し野菜の栽培を勸めて趣味と實用とに資せんことを圖かれり。所謂英寅會は當時斯業に熱心なりし縣知事有松英義と之を扶けて實際救濟の任に當りし竹葉寅一郎の名より特に二字を取り來りしなり。

兒童の歸還を報ずる寺鐘

終りに兒童に關する自治の風紀行政に關し一言すべきものあり。即ち米國の市邑に行はるゝ『カーフヒユー』の制度是なり。此制度は夜間一定の時に至れば汽笛又は寺鐘を鳴らし街路に徘徊する兒童をして其保護者の居所に歸還せしむるの制なり。「カーフヒユー」なる語は寺鐘の意義を有し極めて往昔より行はれたるものなり。即ち今より數百年前西班牙、佛蘭西兩國に於

兒童出遊の時間制限法

て流行し爾後英國に於ても行はれぬ。當時日沒の後は總ての燈火並火氣を滅して之を政治に反對する暴動の防止手段に用ゐたり。然るに北米の地方に於ては風俗の矯正策として之を用ゐ四十有餘の都市に於て既に此法を施行し兒女犯罪者の八割以上を減ずるに至れり。前年米國聖都路易の博覽會に際し北米及加奈陀の宗教家は『カーフヒユー制度』に關して聯合會議を開設し該制度が犯罪の豫防に至大の關係あることを聲言せり。以上の消息は多く曩に内務省より派遣せられたる同會參列員の報告する所に依れり。尚其報告中模範規程として示したるインデアナポリス市の『カーフヒユー』令を視るに十五歳以下の者が毎年春夏の二季は午後九時秋冬二季は午後八時を過ぎ尚保護者に伴はれずして街路に出づるとき又は保護者にして是等の兒童が街路に出づることを許容したるときは一定の刑罰に處せらるべきものとす。而して此時間の制限を勵行するが爲め行政廳は汽罐を有する各工場に命じ『カーフヒユー時間』に於て皆二十分汽笛を鳴らすの義務を負はしめたり。されば『カーフヒユー制度』は感化制度と相伴ふて兒童の惡化を豫防する一種の風紀制度なりといふべし。我邦に於ては未だ『カーフヒユー』の法律を施行するに至らざるも青年の夜間保護に關しては注意最深きもの間々見る所なり。香川縣丸龜に於て青年の夜學に一種の弊害あるを認めて一宗敎家が特に雞鳴學館なるものを設け早朝之を聚めて授業を爲すあり。又愛知縣三河の農村に於て青年夜學の終了する頃には寺鐘を鳴らして之を父兄に報じ歸路放逸に流るゝの害を防止せんことを期するは又一種自治の『カーフヒユー』事業とも謂ふことを得べし。

要するに近世市邑の風紀行政は老幼を問はず個人に對しては單純なる懲罰制度に偏せず寧ろ主として全般に於ける公益の保護を目的とするに在り。隨て其運用は簡單なる禁遏主義に非ずして更に周到なる豫防主義の性質を帶ぶるに至れり。

豫防主義の風紀行政

第三款　娯樂行政

近世の市邑は消極なる矯風行政より更に進んで力を積極の娯樂行政に

致せり。娛樂事業最高の理想は勤勞に依て倦める人心を慰め清新なる心神を養ひ更に活氣を帶びて再び其職業に復らしむるに在り。而して其人心を慰むるの裡に於ても亦務めて品性を薰陶するを主たる目的と爲せり。

娛樂事業最高の理想

露國の公營劇場

露國の如き其尋常普通の敎育行政は尙未だ成功を告げずと雖ども演劇の事業に對しては自治團體が夙に他に率先して公營主義を採れるを見る。近時に至りて更らにウイッテの建策に基き政府が酒類專賣の事業に依りて得たる收益の一部を割き約四百萬圓を支出して之を地方の娛樂事業に補助することゝせり。是等の補助費は新に地方に設けられし節酒監督局の管理する所にして之を以て私人の劇場に補助し又は同局自から劇場を設立せり。其他露國の市邑にして文學美術の事業を奬め特に偉人の紀念として公立の圖書館を設け廉價の出版物を普及するあり。普通敎育に對して干渉政策を墨守せる露國が獨り力を國民の社會的娛樂の業に用ゆるは寧ろ異數の事と謂はざるべからず。又南獨逸に於ける數都市に在ては自から劇場を有し學童と庶民とに對しては特に低廉なる觀覽料を徵し且其演ずる

獨國都市の補助劇場

所の劇も亦能く品類を選んで市民の理想を高尚ならしめんことを計れるが如き頗る觀るべしとなす。ギーセン市が私立の劇場に對し市費を以て之を補助し一定の觀覽室は其料金を四十片と定めて市民の出入に便ならしめたるマンハイム市が自から演劇を興行し其觀覽料を通じて四十片と爲し多く古劇の高尚なるを選んで之を演せしむるが如き二者共に近時に於ける都市娯樂事業中に就き著名の計畫たり。此の如きは皆我の企て及ばざる所なり

夜間の娯樂事業

索遜王國の市邑は更に庶民の簡易なる協同の娯樂を目的として夜間の集會所を設け各種有益なる娯樂の資料を具へたり。之を『夜間娯樂事業』と稱す。千九百年普國内務大臣は爲めに地方に訓示して此娯樂事業が地方民の精神修養に如何なる效用をなしたるかの點に就き其報告を徴するに至れり。佛國多數の都市は劇場に對して未だ公營主義を採らずと雖ども私立の演劇にして社會の敎化に益ある者に對しては夙に補助主義を採り以て其奬勵に努むるあり。

巴里公有の劇場建築

然れども巴里の如きは都市自から劇場を所有して之を他に貸付せり。英米二國の都市は演劇に對して尚依然として放任主

娛樂と薰陶

義を採ると雖も二國共に其過半の都市は自から公會堂を設け一定の日には必ず音樂を奏して之を市民に聽かしむるを例とす。英國グラスゴー市に於ける市營の奏樂事業は就中最旺盛にして一年之が爲めに二萬有餘圓を費せり。東京市が日比谷公園にて行ひつゝある奏樂の事業及近年堺市が其水族館の内に設けたる音樂並講談の設備の如きも亦之に類して規模の小なるものなり、要するに此等は孰れも國民をして『娛樂の裡に於て自から之を薰陶せしむべし』といふの理想に據り一に市民の薰化に資せんとするに外ならず。

獨國都市に於ける兒童の花木培養事業

以上は主として大人に對する普通の娛樂制度なれど近年に至りて新に興りし特種の娛樂制度は之を獨國エールフルト市に於ける『兒童の花木培養事業』とす。夫れ大都市の住民は多く單調にして無趣味の勞務に從事するを常とす。隨て之をして花に灌ぎ草を摘み天然の美に依りて清新なる情感を喚起せしむるは最必要の事たり。人をして自然と接近し依て以て其心神と觀察とを清新ならしむるは市民の保健問題としても又其訓育問題とし

勤勞なきの娛樂と民風の頽廢

ても決して之を忽にすべからず。殊に就學中の兒童をして植物の栽植に依り自然に對するの趣味を覺らしむるは娛樂、保健及敎育の三者を結合せしむる恰好の事業なりとすべし。エールフルト市は實に此事業の創始者にして千八百九十二年市は園藝會の決議に基き市民學校の上級女學生に對し盆栽を分配して之を培養せしめたるに其成績優秀にして之を展覽會に出し賞牌を得たるもの爲めに多きを占めたり。近來我邦に於て學校園が新に勃興の勢を呈したるは甚だ喜ぶべき現象たり。其數全國を通じて約九千個所其面積合計三百町に及ぶと云ふ。

念ふに勤勞なきの娛樂は民風頽廢の基なり。嘗て英人ステフエンは其同胞國人の爲めに娛樂事業の改善を勸めて『勤勞を重ずること英人の如くにして始めて共に娛樂の事を語るべし。されど娛樂の事業を以て社會の敎育に資するは獨國市邑の爲す所を學ぶべし』と云へり。其言や洵に味ふべし。今より二十餘年前經濟學の大家ジユボンが『社會の爲め娛樂の事業を完成するは一國の文明を進むる最良方便の一なり』と唱へしは亦實に千古の知言

娯樂制度の完整と文明の進歩

と謂ふべし。抑〻國民の志氣衰へたる社會にありては其娯樂も亦隨て高尚なる能はず。趣味を缺き風俗を害し甚しきは人命を傷ふに至らずんば已まず、之に反して文物風敎共に活氣あるの國民にありては其主として行はるる娯樂は却て人の勤勞を奬め善行を訓ふるに於て其効果の大なる者あり。故に健全なる娯樂事業は之を一般敎育の事業に比するも殆んど軒輕する所あるを見ず。

第四款　奬儉行政

奬儉行政の目的

泰西諸國の自治は夙に庶民一般に對して勤儉の風を奬むることに其力を用ゆ。竟には其貯蓄に便せんが爲め各種の貯金機關を設くるに至れり。吾人は自治の團體が是等の貯蓄機關を興し又一般勤儉の風氣を促すの業を名け總べて之を『奬儉行政』と謂ふ。古代の自治が專ら節用行政を主眼としたるに反し近代の自治が更に進んで奬儉行政を骨子と爲すに至れるは亦實に一進歩を爲せるものといはざるべからず。

奬儉機關にして又融資機關たる公營の貯蓄銀行

市邑の公營を主義とせる貯蓄銀行は獨り防貧行政の一施設として顯著なるのみならず又國民經濟の保護機關として須からく之を尊重せざるべからず、此種の貯蓄機關が直接の目的とする所は庶民社會をして勤儉の風を進ましむるに在りと雖も其機關の作用に至ては更に一層の觀るべきもの多し。即ち先づ零碎の小資を吸收して再び之が活用の途を啓き更に進んでは地方公益の事業に向て寄附若くば貸付を爲す等貯蓄機關が本來有する經濟的任務の外に尙ほ社會的任務の頗る大なるものあり。市邑の貯蓄銀行は此點に於て庶民各自の奬儉機關たると固より言を待たずして又實に地方經營に對する有力の融資機關たり。佛國市邑に於ける公營主義の貯蓄銀行は市邑の長及び十五名の名譽職委員に依りて之を管理し委員の內五名は議員中より之を互選し其他は市邑の名士殊に貯蓄資金の提供者より之を選拔す。今や佛國を通じ五百有餘の貯蓄銀行は六百有萬の預金者を收め全國に亘りて約六人に付一人の貯金者を有し其一人平均の貯蓄額は五百法《フラン》に上れり。獨國市邑の狀は亦固より之に讓らず貯蓄銀行を有する市邑は現に八百有餘の多きに及びエキスラシャペール市の如きは男女老幼を問はず一人の市民として各自悉く貯蓄を爲さゞるは莫く其總額實に七千五百萬磅に上れり。獨國の地方團體は更に公營主義の疾病保險及養老保險をも經營す。蓋し佛國には政府の郵便貯金制度ありと雖も國民は却て重きを地方公營の奬儉機關に置き獨國に於ては政府が未だ郵便貯金の制度を採用せざるを以て自治公營の貯蓄機關は到る處振色あるの觀あり。英國の地方團體は未だ事實に於て貯蓄銀行の公營主義を採らず。國民に對する奬儉事業は政府直轄の郵便貯金と民間自營の親誼組合を以て最重要の機關と爲し。伊太利西班牙の如き其都市公立の質業は併せて貯蓄銀行の作用を爲す。近くは白耳義一二の都市が市民の生兒あるに際し市費を以て已に一法を先納し其切手を貼付せる郵便貯金の通帳を其家に下付し引繼き貯蓄を爲すことを奬勵せるが如き最特色ある制度なりとす。

　歐西諸國に於て貯蓄銀行公營の盛んなること此の如し。然れども是れ自治獨占の制度として之を經營せるには非ず私立及公立の貯蓄機關は互に

銀行の公益主義

相並立して益々其事務を擴張す。殊に地方公營主義の貯蓄機關は力めて庶民社會に接近し之をして普く利用の道を啓かしむるを其主眼となす。隨て其收益は之を貯蓄者に分配するを要務とし資本主の配當を制限す。竟には職工婢僕の類に限り其利子の割合を潤澤ならしむるものあるに至れり。ザクセン王國の都市貯蓄銀行の如き是なり。又地方自營の主義に依れる貯蓄銀行は貯蓄者の利益を計るは勿論又其利潤の一部を以て之を地方公益の事業に寄與し若くは其資金を以て慈惠救濟の事業に融通するをば其法定の義務となせり。伊太利ミラン地方の貯蓄銀行の如き其著しきものなり。要するに地方公營の貯蓄機關は終始公益主義を以て之を一貫す。我邦に於ては政府公營の郵便貯金制ありと雖も未だ地方公營の貯蓄機關あるを見ず。かくして地方の自治は貯蓄奬勵の務に任ずと雖も未だ自から資金融通の事をなさず、現今の趨勢に觀るに貯蓄機關の公營制度に就ては須からく之を講究するの必要あるを認むるなり。

第三節　救濟行政

第一款　救貧行政

救濟行政とは救貧、防貧二種の行政を總稱す。所謂救貧行政とは貧窮にして自から生業を營み得ざる者を救助するに在り。防貧行政とは貧窮を未然に防ぎ細民をして自營の途を立てしむるに在り。前者は貧民を事後に救ひ後者は貧民を事前に濟はんとする者なり。

貧民事後の救濟と事前の豫防

泰西の自治團體が巨額の公費を救濟行政に投ずるは殆んど我邦人の夢想し能はざる所なり。然れども救濟行政の實施一たび之を過つときは却て惰民助成の弊を貽すの虞れなしとせず。抑ゝ近世泰西の自治團體が貧民施與の爲めに巨額の經費を支消するは一に中世紀に於ける宗教上の遺物に外ならず。往時寺院は神意に出でたりと稱して切りに衣食を貧民に施し貴人は己の罪障を滅して天の冥福を享けんが爲め亦財物を寺院に獻じて惜しまざるの風ありき。特に僧侶の施與を行ふに至ては殆んど勸惰の區別な

往時寺院の「撒水的慈善」

く濫りに之を施して徒らに民心を迎ふるに汲々たりき。當時少しく心ある者は因て之を『撒水的慈善』と稱し其效果なきこと恰も水を沙上に撒くと相似たりと爲し以て其濫施を譏れり。

瑞西の「谿中乞食」と施與慈善の餘弊

當時瑞西の山中に『谿中乞丐』と稱する一大部落ありき。乞食を業とする多數の家族此に相聚り首長ありて之を指揮し乞食は又乞食を其僕婢とし飲食住居の奢れること殆んど常民の比に非ざりしと云ふ。其他巴里に於ては二十萬の人口を以てして四萬有餘の乞食を有し獨國の一市キョルンは四萬の人口を以て一萬二千人の乞食を出せるが如き是れ皆中世紀に於ける施與的慈善の餘弊なりとす。

幼弱老衰者の普通救助と壯者の生業授與

今や近世救濟制度の理想とする所は寧ろ單純なる慈善主義よりも却て多趣なる行政問題として之を視るに在り。即ち金品施與の主義を排して專ら生業扶助の主義に基かしめんことを期せり。故に尋常普通の救助は幼弱及老衰の人に對して各國の地方團體尙ほ之を存すと雖も到る所として一政府の之に對するや概ね制限統一の策を圖り健康なる壯年者に對しては主として生業を授くるを本旨とせり。其勞役に堪ゆる者にして夜間の宿舍な

佛國の慈惠事務局と公立の姙婦分娩院

き者は一時之を收容して就業の道を得せしむ之を名けて『夜間宿泊事業』といひ其多數の失業者を市街の外に送りて農業を營ましむるもの之を『勞働殖民事業』と謂ふ。佛國の市邑は歐洲諸國の中に就き寺院救濟の事業最も盛なるを以て夙に著名なりき。然れども近世に到りて之を市邑團體の負擔に歸屬せしめたる後は救助の事務は主として特別の機關たる『慈惠事務局』をして之に當らしめ國民の救助を以て法定の義務なりと認むることなく以て惰民助成の弊を除かんことを圖れり。殊に公立の『姙婦分娩院』は佛國の地方團體が他の諸國に率先して起したる所の事業の一なり。姙婦分娩して自から其嬰兒を養育するの力なき者は之に入ることを得せしむ。其目的とする所實に之に依て生兒の遺棄を止めしめ以て人口の減少を防かんとするに在りき。然れども尙往々にして私生兒獎勵の傾きあり之が爲め識者女子の節操に重きを置て分娩院の制に異論を唱ふる者甚だ多し。英國に於ては昔し寺院が行ひ來りし救助事務の甚しく散漫に流れ其弊害見るに忍びざるものあるを見國家自から救貧法を制定して救助事務をば寺院より奪ひ

英國救貧事業の諸弊と勞働强制制度

新に之を地方自治の掌中に移したり。然るに其救貧法が一たび窮民救助の義務を自治團體に負はしめし以來貧民の數遽に增加して財政爲に頗る困難を來せり。甚しきは怠惰狡猾なる者にして巧に不具者の樣を裝ひ又は肺を病むの態を擬して居ながら公費の救助を受くる者あり。不節、不操の婦人が自から私生兒を携へて公衙に迫り之が養育費を要求して恥づる所なきに至れり。諸弊の簇出すること此の如くにして殆んど收拾すべからず。竟に之が矯弊策として『强制勞役の制度』を制定し救助を出願せる貧民に就き其健康なる者に對しては必ず之に勞働を課するの法を採れり。

獨國に於ける貧民訪察制度

獨國は英國に次で又救貧法の制定を遂げ以て救助制度の統一整理を行へり。然れ共救助行政に於ける實際の運用に至ては所謂エルベルフエルド市の救貧組織を模範として寧ろ其力を『貧民訪察の制度』に注ぎたり。即ち自治の區域內を劃して之を數小區に分ち委員を設けて其分擔區を定め、貧民を訪問して之を敎ゆるの方法を取れり。此貧民訪察の制度はエルベルフエルド市の名稱と共に爾來諸國に喧傳せり。其貧民の家庭を視察して懇ろに注意訓告を與ふることを旨とするを以て又之を『友誼訪問の制度』と稱す。

貧民に對する生業の扶助

要するに中世紀の末葉に當て封建及寺院の勢漸く衰へ國家統一の業新に成らんとするに及び貧民を驅逐し又は之を鎭壓せんとする所謂『排貧制度』なるもの一時各國の市邑に行はれたり。然るに近世國家が其力を國民保護の任務に注ぐや各國は亦競ふて貧民の保護に其力を用ゆる所あり新に救貧の制度を制定するに至りしなり。而して救貧制度が最新の理想とする所は單に宗敎上の慈惠主義に基かず又徒らに感情上の施與主義に依らずして一に社會の公安又は公共の利益を標準と爲せり。即ち庶民救濟の任務は主として其生業を扶助し社會共同の利益の爲に自助の良民に反らしむるに在り。其活力を利導し社會共同の利益の爲に勤勉の人たらしめんことを期するに外ならず。隨て泰西の自治は救貧行政の弊に鑑み之が改良の方案を講究するに努め更に轉じて力を防貧行政に用ゆるに至れり。

我邦に於ける救濟事業小史

我邦に於ても嘗て王朝時代には佛敎の傳來と共に一たびは宗敎的慈惠事業の勢甚だ旺んなりしを見たり。厩戸皇子が天王寺に施藥、療病、悲田、敬田の四院を設けたるは其最顯著なるものなり。光明皇后に至り悲田。施藥二院、北山十三間堂の癩者收容所を設けられたるも亦佛教の感化より起れり。正子內親王が封戶五分の二を割いて棄兒を收容し和氣廣蟲が八十三人の棄兒を養ふたるも亦佛教の感化なり。德川時代に至り五人組の制確立するに及んで救恤の事は始めて隣佑自治の任務となりて今に及ふまで救貧行政は自治任意の負擔となれり。此間に於て中井竹山が社倉私議に於て備荒の事を論じ佐藤信淵が種樹園奥秘に於て移住農業を鼓吹したるは亦著名の述作たり。豐後國富永村の學者三浦梅園が寶曆年中に作りたる慈惠講の如きは則ち共濟組合の制に外ならず。是等は我邦の識者にして救貧政策の事を論じたるものゝ中最趣味あるものに屬す。白河樂翁即ち松平定信の江戶越中島に設けたる人足寄場、加賀藩五代の賢君前田綱紀が設けたる非人小家の如き亦一種の勞役事業を實施したるものと云ふべし。德川時代に於ては戰國の後を承けて文敎を奬め治民の道其發達殊に著しかりし爲め救濟の事業も亦自から觀るべきものありしなり。

我救濟制度の特徴

現今我邦に於て國費救助の爲めに恤救規則ありと雖も地方救助の爲め何等の法制なきは我の特徴にして義務主義の救貧法を有せざるは亦我邦の他に異なる所なり。是を統計の上より見るも英國に於ては公費の救助は近く一億六千萬圓に上り受救者百萬人を算す。又佛國の救助事業は英國の如く多大ならざるも公費は千八百萬圓、受救者は英國に超ゆること三十萬人なり。之に比して我救助の爲めに費す公費は三十萬圓、受救者一萬人內外に過ぎざるは甚しき逕庭なり。尙政府は年々支出せる國費の救助を緊肅して其豫算の內より約四萬圓を割いて之を有益有效なる救濟事業の奬勵に充てつゝあり。要するに新に救貧法を制定するの可否は之を社會經濟の上よりも見ても豫め考慮を盡さざるべからず。

第二款　防貧行政

窮民にして其絕對的窮乏の狀況に在る者は固より之を救助せざるべからず。然れども其極貧に至らざるに先ちて其生業を扶けて自營の道に就かしむるは自治の務むべき必要の任なりとす。防貧行政是なり。

其一　公立質行政

公立質業と佛國の貧民保護

現時二三の歐西諸國に行はるゝ融資制度の中『公立質業』の如きは防貧制度の最著しきものにして英米二國を除き其他の諸國に於ては地方團體自から之を經營するもの多し。而して歐西の市邑が概ね質業の公營主義を取るは是れ其初めは單に博愛慈善の旨趣に發源せりと雖も後には併せて産業保護の理想を含蓄するに至りしを以てなり。就中佛人の如きは古來之に對して『貧民保護者』の稱を附し庶民社會をして高利貸の不幸を免れしめ以て獨立自營の起業を扶助する最善の制度なりと爲せり。公立質制は千四百六十二年伊太利ベルジヤに於て設立せられたるを嚆矢とし今や漸く諸國に傳播せり。千五百七十七年には佛國アビノンに設立せられ千七百七十七年には巴里亦自ら之を設くるに至れり。佛國革命の時一時市邑の特占制度として質事業を經營すべからずと定められしも其後高利貸の弊更に甚しきを致すに及んで復た特占の制度を再興したり。佛國の現行制度に於ては

佛國に於ける公立質業の組織

公立質業と小起業の振興策

自治の公共質業は理事長之を統轄し之に參與せしむるに名譽職委員を以てし委員の三分の一は地方長官之を命じ又三分の一は市會之を互選し他の三分の一は慈惠局之を選擧し市邑の長は之が委員に議長たるの權限を有す。理事長は委員會の指名に依り地方長官之を命ず。現今佛國四十四の都市は皆質事業を營み其内二市の如きは無利子にて貸付を爲すものあるに至れり。佛國の質制は年を逐ふて進歩し巴里一都にして一年の質入件數は二百萬件其貸出金額は我二千五百萬圓を算せり。之が爲め多數の商工業者をして生業を得せしめたること亦甚だ大なる者ありき。巴里質事務局の總裁は嘗て言へり『天災地變に際し多數の貧民が公立質局の門前に群集するは決して其本旨に副へるものにあらず。商況良好なるとき公立質局が却て活氣を多數の小起業家に與ふるが如きは最喜ぶべき事なり。社會の繁榮に比例して質業の繁榮を來すに非らざれば未だ質業の善美を盡したりとい ふべからず』と。佛國の如きは蓋し質制度の組織及作用に於て兩つながら純然たる公益主義の理想を發揮せるものと謂ふべし。佛國法系の諸國にして

公立質業と小資本の融通

都市自から質業を經營せるもの白耳義には十七市あり和蘭には二十五市あり獨國に於ては質事業を以て公共團體の特占制度たらしめずと雖も尚ほ七十六の都市は自から之を經營せり。澳國に於ては維也納及プラーグに於て同じく國立の質業ありと雖も其他の大都市は概して公設の質業を經營せり。英米二國の都市は質業の公營主義を採らず特許を私立の質事業に與へ之を警察監督の下に屬せしむるの制を採るに止れり。要するに公營主義の質事業は其初めは專ら高利貸借の弊を防ぎ以て庶民を保護せんとするに在りて其起源は單純なる博愛主義より發したり。然るに後には中流以下の庶民に對し小資本を融通して其生業を助成するが如き最廣汎なる公益主義に一變せり。去れど質業公營主義の取捨採否に至ては各國の社會狀態如何に依り自から決すべきものなり。隨て獨佛法系の諸國と英米法系の諸國とが互に其方針を異にするはもと必然の勢なり。

我邦の德政と質業

我邦に於て北條時代より足利時代に及んで熾んに『德政』なるものを行ひ人民相互の私債を解除し所謂貸借棄捐の令に依て貧者を保護し富者を抑

制したることあり。然れども德政は其極一揆を鎭撫せんが爲めに其要求に應ずるが如き弊害を生じたり。則ち我德政は歐洲に於て夙に創められたる公立質業に比して固より善美の制と稱すべからず。寧ろ我爲政の缺點として之を數ふるを免れざるなり。現今我國の質は一切之を私營に委し未だ公立質業なるものゝ存在を認めず。私營の質は固より營利を專らとす。故を以て其利率甚だ高くして時には金貸業に對する惡弊制止の爲め地方介を發するものなきに非ずと雖も未だ充分に之が高利貸の情弊を矯むること能はず。全國を通じて五千有餘の質舖は其平均一人の貸付額一圓にして而かも此小額に對し一月三步乃至四步の高利あるを見ても亦以て趨勢如何をトすべし。今我廿八市に就き同一の調査方法に依り統計せる所に依るに一市一年の平均貸出件數二十六萬件貸出額三十萬圓に上れり。庶民社會に於ける小資融通の急なる之を以て其一斑を察すべし。防貧制度として最研究すべきは生業の扶助を目的とする小資本の貸與方法如何の問題に在り。

其二　業務紹介行政

佛國に於ける公立の業務紹介場

公立業務紹介場の制即ち傭人口入の事業も亦佛國の市邑に於て最力を致す所なり。千八百九十五年公立業務紹介場を設けてより巴里マルセーユルアン、ニース等を始め其他の數都市に普及せり。乃ち佛國は千九百四年に至り竟に法律を以て各市邑には必らず勞働の需要と供給とを掲げたる帳簿を備へしめ無償を以て之を公衆の閲覽に供すべきことを定め一萬以上の市邑には必ず公立業務紹介場を設立すべきことを命じたり。尚該法に依れば私設の業務に係れる紹介事業の弊を矯めんが爲め市邑をして五個年を期間とし其公費を以て之が賠償を爲し漸次之を閉鎖して一に市邑の特占行政に歸せしめんとするの計畫たり。

瑞西公立紹介場の反響

佛國と殆んど時を同うし業務紹介場の制度を究めて之を實施したる者之を瑞西と爲す。同國ベルン市に於ては千八百八十八年同じくバーゼル市に於ては千八百八十八年に之を設立せり。但バーゼル市に於ける業務紹介場は其の設備や固より行政廳の經營に係ると雖ども其運用に至ては利害關係者の代表者相聚りて之に當るの制たり。瑞西二市に於ける此の經營は延て影響を南獨逸の諸市に及ぼせり。夫のスツットガルトの如きは商事裁判所の上席判事ラウテンシラグゲルが都市に建議するに公立業務紹介場を設立せんことを以てしたるあり。然るに其建議が同市に採用せらるゝに先ちて他の二三都市は已に公營主義を採り其後ライン地方の諸市も亦之に倣ひたり。殊にカール、メルレン及ヨハンネス、コルフエー二氏が書を著はして業務紹介事業を論じ盛んに公營主義を皷吹せし以來更に朝野の輿論を惹起しウユルテンベルヒの内務當局者は千八百九十四年竟に訓令を下して市府は宜しく先づ公共の業務紹介場を設くべく國家も亦之に對して補助をなすの適當なる旨を宣言せり。同年普國農商務省も亦人口一萬以上の市邑に對し公立業務紹介場を設立するの可なるを認め千八百九十七年に於ては五萬以上の人口を有する都市の内之を設立したる者既に十數を算せり。就中紹介件數の最多きはフランクフルトアム、マインにして其件數近く三萬八千件に上れり。マグデブルヒの一萬九千件は之に次ぐ。他の小市も概ね三千件を昇降せり。千九百五年の報告に依れば國内二百八十八箇所の紹

獨國に於ける公立紹介場奬勵の宣言

介場は無慮四十萬の失職者に業務を與へたり。

グラスゴー特有の業務紹介業

英國に於ける業務紹介場や中央商務局は之を國家の事業としてリバプール、セツフキルド等の商業都市に設けたりしも公營主義の紹介場は單に臨時事業として經營せられたるに過ぎず。其の間に於て獨りグラスゴー市が夙に公營主義の業務紹介場を設けたるは頗る出色の觀あり。同市千九百年の統計に據れば無職業者に業務を紹介したる件數優に五千に上り需要者、供給者共に手數料を免除するの制度を採れり。

米國の勞働事務局

米國に於ても亦勞働事務局を紐育、市俄古、桑港に設けしと雖も其他は私立放任の主義を取り未だ市邑公營の制を設くるに至らず。多數の都市は同業組合に依れる私人の事業に放任せり。されど是等私人の事業には數〻虛僞の方法用ゐられ易きを以て最周到なる警察上の監督を要することを認めたり。米國に於けると同一の弊害は又我私立の口入業に於て之を認ると雖も公立紹介場の必要は未だ我都市問題として顯出するに至らず。只一二の農村に於て其役場が臺帳を備へて傭人の申込を受理し之に無職業者を紹介する者あり。念ふに業を授け職に就かしむるは細民を勤勞に導く所以にして防貧の政策之より急なるはなし。

其三　庶民治療行政

伯林の赤兒診察場

獨國の藥局問題

治療行政は泰西諸國を通じて地方團體の亦鋭意經營せる所而して其公營を主義とせる施療病院は殊に歐大陸の市邑を以て最多しと爲す。近年伯林市が經營するに至りたる赤兒の無療診察場の如き嬰兒保護の最大切なるを感ずるに出でたるものにして特種の施療事業と言はざるべからず。歐西市邑の治療事業は古來博愛主義を以て起り救濟行政の中に於て實に其幹部を占めたり。獨國に於ては近來藥局の事業に關し調藥の確實と代價の低廉とを期せんが爲め是を以て自治の特占事業となすべきの論熾んに行はるゝを觀るエーベルスタット、メンツ等の都市は已に自から藥局を經營し又之を專有するの主義を採れり『藥局公營の制度』即是なり。其公營主義を採らざるものと雖も藥品の種類又は藥價の程度を一定する等必要なる條件を定めて市邑が私立の事業に對して其特許權を行ふものあり。獨人之を

ヒユゴーの藥局論

『藥局特許の制度』と稱す。別に市邑に於て藥局を所有し料金を徴して一定の住民に之を貸付くるあり。所謂『藥局公有の制度』是なり。近年に至りて私立の藥局事業に對する制限論は益〻旺盛となり伯林及キヨルン二市に於ては俗に『藥局戰爭』と稱するもの丶起れるを見る獨のヒユゴーは都市制度の事に通ずるの人なり。近頃藥局事業の特占制度に關し剴切の論を唱へて曰く『從來に於ける私營の藥局事業は實に言ふに忍びざるものあり。內にも小邑に在りては事業の經理最困難なるが爲多數の藥局は普通の商品と混淆して之が取扱を爲す。又大都市に在ては同業者の競爭に依りて數〻不正の行爲に出で一般公衆の危險を顧みざるの虞ありと。之れ獨國に於て一般の保健行政を擔任する地方自治體が併せて藥局公營主義を採るの氣運を呈せんとする所以なりとす。ヒユゴーは又其『都市保健行政』の著に於て特に『藥局制度』の一章を設け結論して曰く『將來藥局事業と地方行政との關係に就ては必ずや法制上の一大改革を視るに至るべし。現今に於ても特許を得たる私立の藥局事業にして若し其藥價に關し守るべき條件に背くことあるときは一定の賠償を爲して其事業を公共團體に收用するを適當とす。若し又私立藥局事業の權利者にして死亡するときは其私人の讓與權をして轉じて團體に返還するの義務たらしめ已に特許を爲したる地方團體は直に其權利を承繼せしめざるべからず。要するに藥局制度の如きは之を社會公益の見地よりすれば多數市民の保健狀態を進むるの關係より之を私人の經營に放任すべきものに非ざるなり』と。夫れ藥局の公營を主義とするの所論は獨國市邑に於て既に最旺盛ならんとするの兆あり。隨て同國市邑の治療行政は今や普通の病院制度たりし舊時期を經過して新に藥局制度の問題に進み又單に貧民階級に對する防貧制度の一問題たるのみに止まらず。今や住民各階級を通じて最廣汎なる保健行政の一と認め以て之が解決を試みんとするの氣運に向へり。

病院問題の時代より一轉したる藥局問題の時代

我邦古代の施藥院療病院

我邦古代の施療事業にして最著しきものは所謂施藥院療病院の事業是なり。是等は多く佛敎の感化より來れり。就中特色あるは光明皇后が設けられたる皇后職施藥院なりとす。北條時宗の桑谷に設けたる療病舍の如きも亦其一に屬す。時宗歿してより鎌倉極樂寺の沙門忍性其の志を繼ぎ自から其の財を造りて二十年の間五萬七千人を救治し病馬のために厩舍を建てたり。豐臣秀吉の世に丹波宗全といへる醫家が古の施藥院を再興し京師の疫病を救ひたることありき。其後德川氏の世に至り八代將軍吉宗の設けたる小石川養生所の如き施療事業の官營とも謂つべきものにして其跡地は今の大學植物園是なり。現今我邦にては公立の施療病院は縣立病院に附帶するもの丶外其著るしきものは尙未だ之を見ること能はず。東京市が三井一家の寄附を基として將に經營せんとするもの蓋し其嚆矢たるべし。又我邦に於ては藥局檢査の制度は已に之を實施せられたるも藥局公營の制度が未だ社會の一問題となれるの機運に到達せず。然れども藥局公營主義の如きは亦各國の社會狀態、法制經濟の如何に依て自から其要否を決すべきものにして今俄に其得失を概論すること能はず。且他の歐米諸國に於ては未だ通則として藥局公營主義の適應なるを認むるに至らず。隨て未だ之を實施するに至らざる者あり。

我邦現在の施療病院

第四節　保健行政

保健行政發展の由來

近時社會の繁盛に伴ひ漸次死亡比例の增加するを憂ふるもの衞生專門家中著るしく其多きを加へり。彼等は市街地の生活を目して直ちに之れを『人間生活の衰滅』と呼べり。英の衞生統計家ロングスタフ嘗て市民の顏色蒼白を呈し眼力弱く胸膈狹く剩へ此人士の裡に生れたる兒童は年々死する者の比例年を逐ふて多きを加ふるの光景を描き强兵護國の策は是等市民を驅て農業生活に復歸せしむるの外他に途なきを唱道せり。獨人ジオルジハンセンは其議論極端なるが爲め往々多くの反對說を招きたるも彼は毅然として屈せず最熱心なる農村國本の說を主張し又之を國力發展の中堅なりと主張せり。然れども市街地の膨脹は人爲を以て之を奈何ともすべからず。昔しアリストートルが理想的の都市は人口一萬を上るべからずと言ひ。ヒユームが人口七十萬以上の都會は必ず之を見ること能はずと明言せしに拘はらず今や市街地に向つて人口の輻湊するは全く其抵止する所を知らず。之れに加ふるに國家の進步に伴へる商工業の勃興が到る處に市街地の新興を促して已ざるは固より必然の勢なり。識者是に於て從來消極厭世の傾ありし衞生觀よりも更に一步を轉じ進んで積極の救治策を案じ工業の發達と健康の保護とを調和し二者兩全の方法を講ずること亦甚だ盡せり。保健行政は市邑共に此理由に依て著るしく進步を爲せり。保健行政の中には豫め傳染病を防がんが爲め防疫行政の先づ發達せるを見る。汚物を處分するが爲めには掃除行政あり。公衆の健康に對しては公園事業あり。日常生活に直接の關係ある飮用水の爲めには給水事業あり。上水の改良と共に下水を整理せんが爲めには排水事業あり。公益保護の理想更に步を進むるに隨ひ食品保護の爲めには檢査制度、市場、屠獸場の制度あり。食品供給の爲めにも亦各種の方策を講せり。竟に近年に至りて個人の衞生を進めんが爲め浴場事業も公營と爲り。又市街地衞生の根本策としては家屋改良問題の解決に着手するを致せり。以下序を逐ふて少しく地方保健行政の趨勢を叙せん。

第一款　防疫行政

防疫行政と事前の救治策

近世衛生思想の發達に伴ひ傳染病院の如きも亦地方自治の鋭意計畫する所たり。然れども此施設や尙ほ事後の救治策たるに過ぎざりしが今や一轉して事前の救治策となり各般の防疫行政に向て其力を傾注するに至れり。夫の排水事業、汚物掃除、及飮食物取締、住居改良の如き亦何れも防疫行政と最密接の關係を有し相連絡して其改善を計れり。

ハンブルヒ市の牛乳取締令

歐西都市の中に於て從來最も虎列拉病の豫防に苦心せしもの之を獨國漢堡市と爲す。是れ其地位が汚濁なるエルベ河の流れに臨むが故なり。是に於てか同市は先づ濾水飮用の事業に關して精緻無比と稱せらるゝ綿密の講究を盡し黴菌の排除に就ても亦一大苦心を經以て食品の取締に關し防疫行政の一歩を進めり。特に千八百九十四年を以て發布せられし牛乳取締制度の如きは牧場の淸潔、搾乳者の消毒、乳房の洗滌等より進んで牛乳混和物の監査にも及び違反者に對して嚴重の制裁を付せり。之が爲め獨り傳染病の媒介を防ぎ得たるのみならず市民兒童の健康にも亦著しき効果を與へたり。而して夫の千八百九十四年を以て制定せる麥酒飲料具の洗滌に關する法令の如きは公衆の娯樂場に於ける共用の酒盃に依りて各種傳染病の媒介せらるゝを防がんとするものにして大に市民の賞讃を博したり。

周到なる酒杯洗滌制度

英國都市の家庭巡閲制度

英國グラスゴー市の家庭巡閲制度は歐西自治の防疫行政中亦最も著明の進歩を爲したるものにして殊に其他に異なる點は婦人の巡閲吏員を置き中央保健局指示の下に庶民社會の家庭を巡閲し戸内の清潔より疾病の豫防に至るまで懇篤なる指導を與へ以て家庭の保健狀態を改善せんとするに在り。家庭巡閲の業は歐西都市を通じて殆んど普通の制とすべきも婦人を用ゆる所の家庭巡閲の事は蓋しグラスゴー市に於ける特長の施設なりとす。要するに方今の防疫制度が事後の豫防よりも寧ろ事前の救治を以て其主眼と爲すことを見るべし。

我邦の防疫事業

我邦に於ける防疫行政は主として傳染病豫防法の定むる所に依る。近くは癩豫防法の制定せられたるは亦最顯著なる進歩と謂はざるべからず。都部を通じて全國の人口は五千萬に上り之を十年前に比すれば市と町との人口は百人に就て二十五人を増せり。之れを農村の人口が百人に就て四人を増したるに比すれば市街地の密聚既に此の如く熾んなるものあり。念ふに人口の密聚は疫病の淵源たり。將來先進國の制度に傚ふて防疫行政も亦事前の救治に其力を盡さずんばあるべからず。今年英國政府が『英國の公共保健及社會狀態』と題し發表せる所の統計に依れば人口千人に對する死亡比例は十年以前に十七人なりしもの最近には十四人となれるを見る。殊に一年未滿の小兒死亡の比例が十年以前十四人なりしもの今や十二人となれるは幼兒保護の方法備はれるに由ることを證明せり。我邦の死亡比例は全人口に就ては千人に就き二十一人、一年未滿の小兒が十五人の狀況に在り。然かも通じて死亡比例が累年增加の傾あるは最考慮を要すべきものあり。防疫事業の急なる此一事を以て之を察すべし。

第二欵　掃除行政

市邑の汚物掃除

汚物掃除は防疫事業に次で最も重要なる保健行政の一たり。米人ジョルヂ、ウワルニングは嘗て『市街掃除及其効果』と題する一書を著はし悉く各國市邑に於ける街路清潔の行政を網羅せり。今之に依るに汚物掃除の事業に就て率先よく組織的の設備を爲したる者はブルッセル市にして佛國は之に次ぎ獨英二國又之に次げり。而して獨國に於ては五萬以上の人口を有する市邑は孰れも汚物掃除の爲めに一局を有せざるはなく英國に於ても數多の市邑は自から街路掃除の事に任じ家庭内に於ける汚物の除去も亦市邑自から之を經營するものあるに至れり。

汚物處分と廢物利用

然れども方今各國の市邑は汚物掃除の問題より一轉して更に其力を『汚物掃除の事業』に傾注せり。即ち汚物の燃燒に依りて發電、瓦斯其他諸般事業の動力を得る者あり。之れを『高温裝置の汚物處分法』と云ふ。又汚物の分析に依て肥料を得るに努むるあり。之れを『低温裝置の汚物處分法』と云ふ。英國グラスゴー市の如きは市内の汚物を運搬するが爲め九百有餘の列車を有し肥料の大部分は農民に拂下げ尚一部は之を市邑公有の田園に施す者あり。市邑は又更に進んで自から無數の袋を製し之を公衙、工場等に分配して故紙を集め之を活用して有益の業を營むに勉めり。斯の如く同市が汚物の處分よりして得る所の收入は實に三十四萬圓の巨額に達せり。是に於て乎汚物掃除事業は公衆の衞生を保護すると共に廢物を利用し併せて財源を得るの思想を加ふるに至れり。我邦に於ては汚物掃除法の制定せられたる以來汚物掃除は自治體の責任に屬せり。汚物處分の問題は近年大阪市が利用主義の方法を取りたるを始めとして神戸市も亦近く之に傚ひ都市にして之を計畫するもの二三を加ふるに至れり、

第三款　公園行政

逍遙園と運動園

公園は泰西の學者之を區別して概ね『逍遙園』及『運動園』の二種と爲す。所謂『逍遙園』とは主として公衆の散策に適すべき壯麗の庭園をいひ『運動園』とは主として體育に適するの設備を具へたる廣濶の場所をいふ。

逍遙園及運動園の施設が地方行政に於て最著しく注目せらるゝに至り

公園と「都市の肺臟」

しは人口の密聚に伴ふて公衆の健康を保護するの必要より起れり。近世都市の殷盛益甚し。唯獨り公園の施設に待ち始めて市民をして清新なる空氣を呼吸することを得せしむ。公園は所謂『都市の肺臟』たるの作用を爲すに至れり。現今歐洲都市の中巴里は最整美せる公園の施設を有し其廣袤二萬「エーカー」に上れり。倫敦府は十八の逍遙園三十九の運動園を有して其廣袤三千八百「エーカー」に及び伯林は獨國都市の中に在て最大の公園を有するものたり。其市内公園の面積も亦殆ど千百「エーカー」に達しぬ。米國の都市に至ては紐育市の公園のみを以てして已に七千「エーカー」の廣きに亘り。ボストン‖の公園も亦二千三百「エーカー」を有す。要するに方今各國の都市が各大公園を營み市民の遊步に供せんが爲めに各般の設備を擴充し鉅萬の資を投じたることは今茲に縷述を須たず。

近ごろ歐西都市の間に新興の機運を呈したる保健制度の中にも殊に最注目すべきものは即ち『兒童運動園制度』の一事是なり。米人ベーカーは嘗て地方運動園の制度に關し論じて言へり。『兒童の訓育は直接の學問に於けるよりも寧ろ遊戯に依りて天然の活力を増すこと多し。兒童運動園の勃興は實に此理想に發源す。然れども都市の兒童は其富貴貧賤を問はず皆遊戯運動を自由ならしむる適當の方便を有することなし。是れ都市兒童の爲め運動園の施設最必要なる所以なり。況んや兒童に對して運動園を與ふるの一事は以て活動して已まざるもの少年に對し其燃ゆるが如き情欲の心機を一轉せしめて之を健康なる遊戯に嚮はしめ延いて一般兒童の惡風に對し感化善導の效を收むること頗る大なるものあるを知る』と。此の言や公園事業が世人の訓育に裨益するの大なるを切言して亦餘蘊なきものと謂ふべし。此くして近世自治の公園行政は實に健康保護の主義より一變して更に社會敎育の主義を採り來りぬ。

兒童の遊戯と活力の增進

公園の社會敎育主義

敎育主義の公園制度は米國都市が最鋭意其力を傾注する所たり。蓋し歐洲都市の逍遙園は既に歷史上又は美術上の盛觀を有す。米國の都市が新に此點に於て先進國と相競ふは至難の事なり。米國因て新機軸を出し市の廓外に廣潤の土地を留保して之を市有と爲し漸次一大運動場を設け得るの

米國公園の新機軸

兒童運動園の新興

運動園設置と少年犯罪の減少

便利を計れり。是れ却て米國都市に於ける天與の賜と謂はざるを得ず。千八百八十七年紐育が公園設置の爲に毎年百萬弗を支出するに對し議會の承認を受くるや當時の市長は兒童の運動場を以て公園の骨子なりと唱道せり。就中其マルベリー公園が既に開設せられてより以後從來休日には殆ど殺人犯を絕ちたることなかりし同地方も爾來何等の爭鬪を視ざるに至れりとは當該警察吏の公言する所なり。紐育市が此の二個の運動園の爲めに三百萬弗を支出せるを以て誇りとなせるが如くボストン市も亦類似の計畫に對して一年百萬弗を費し以て相競へり。ボストン市に向つて運動園を首唱したるは獨國兒童園の制を觀て之を當局者に勸めたる學士メーリー、シヤクゼスカーの建議に基きたるものとす。米人リーなる者は嘗て『構成的防止的慈善』と名くる一書を著はし都市公園と犯罪豫防との關係を叙するや說明最周到にして其引證槪ね剴切なり。『彼は各所に運動園を設けてより少年の犯罪を減少するに至りたるは米國公園制度の特長なりと』明言せり。

要するに泰西に於ける公園制度の發達は凡そ之を三期に分つことを得

公園制度變遷の三時期

べし、即ち其第一期は健康保護の主義に發源し第二期は各種の裝飾に依て美術娯樂の主義を加味し第三期には運動奬勵の主義に重きを置き併せて社會敎育の主義を發揮するに至れり。我邦に於て園囿を開いて衆人に觀覽せしめたることは藤原賴通が夫の河原左大臣源融の別業を以て平等院となしたるに起れりと云ふ。幕府時代に下りて水戸の偕樂園白河の共樂園の如き廣く衆庶の入園を許るし共に公共主義の理想を發揮せり。明治六年に至り太政官は地方に令して古來の勝區舊跡は之を萬人偕樂の地となし公園となすべきことを示せり。全國を通じて公園の數百以上に上り漸次增加の趨向あり。然れども公園に附設するに運動の設備を以てし體育奬勵の事業に意を用ゆること未だ普ねからず。植物園、動物園、美術館、音樂堂、圖書館等の事業に依りて社會敎育の主義を加ふるが如きは未だ一般の氣運となるに至らず。

第四款　給水行政

英國市邑の公設給水

米國の公設給水

歐西の各地方團體は何れも給水行政を以て當然公營の主義に依るべきものとして之を認むるに似たり。英國の如き都市公營事業の進歩他に比して遲緩なるの國に於てすら尚千四百二十年フライマールの寺院は既に市區に代りて給水し千五百八十五年プレマウスも亦市設の給水工事に着手せり。唯倫敦に於てのみ私設の給水事業が今尚存するものあるは一の異例に屬すと雖も此例外を措きては人口三十萬以上の市區は皆公營の主義を採らざるなく人口十萬以上を有する二十有餘の英國都市中公營主義を採らざる者只僅に二三あるのみ。又米國都市に於ける給水事業が私設主義より既に公設主義に變遷したるの趨勢は猶ほ英國に於けるが如く今や米國の都市を通じて合計約千五百有餘の給水工事に就き其七百有餘は同じく公設の事業に係れり。獨國市區に於ては給水事業の公營主義を以て殆んど不易の原則となし就中漢堡の如きは世界中最宏大なる濾水器を設け之に依てエルベ河の濁水を引上げ化學者及黴菌學者の精密なる分析に依りて其保證を受くるに足るべき無限の淨水を得るの計畫を有せり。人口五萬以

獨國市有の公設給水

上を有する獨國五十五の都市中現に私設事業に依りて給水事業を經營せるものは唯だ僅かにフランクフルト及シャロッテンブルヒの二市あるに過ぎず。瑞西、和蘭、那威、及丁抹の大都市に於ても亦汎べて公營主義を採らざるなく即ち丁抹の首府は之を以て國家の事業と爲し白耳義に於けるアントウエルプ其他數都市も亦皆公營主義を採れり。佛國の都市は給水事業を經營するの特權を有し私設會社は其許諾なくして工事を起すことを得ざるの制なるもルイエン、ニイス、ツーロン等に於ては尙私設主義を存せり。

給水量と文明の測度

要するに水道給水の量を以て一國の文化を測ることを得べしとは單に英國衞生當局者の言のみに非ずして今や泰西の地方團體は一般に最潤澤なる良水の普及を以て爲政の急務と爲せり。我邦に於ては水道事業は自治團體の特占事業に屬することは水道條例に明記する所なり。現今、上水事業を經營せる都市は旣に十數個所に及び農村にても亦輕便水道を布設し爲めに傳染病の蔓延を防ぎたるもの多し。良水の供給は保健事業の第一急務にして國庫が補助費を支出して之を奬勵するは其所以なきに非ざるなり。

第五欵　排水行政

疫病傳播と排水工事

排水工事は近世紀の半に當り歐洲を通じて疫病の傳播ありたる頃より專ら之が豫防策として一般に注意せられぬ。都市排水事業の宏大なる者の中に就き。就中率先して經營をなしたるは之を巴里市ベルグラン氏が計畫に推さゞるを得ず。千八百七十年普佛戰爭の開始せられし時の少しく以前に當り巴里市は既に排水の郊野灌漑法を試驗せり。第十九世紀の盡頭に至りて伯林も亦新興の勢に乘じ郊野灌漑の法を完成して宇內中最整齊すとの稱あり。同市の面積は僅に二十五方哩に過ぎずと雖ども其惡水を放流するが爲め實に三十方哩の附屬地を有し爲めに一千五百萬瑪《マルク》の資金を費せり。英國都市も亦給水事業と共に漸次に排水事業を整頓し且排水工事に附帶して耕地の灌漑事業をも經營せり。千八百九十五年排水工事の起債額は給水工事の起債額に半するのみなりしも今や排水工事の起債額は一千萬

健康保護と財源補充

圓に上り給水工事の起債額を超ゆると約二百萬圓に及べり。斯て昔は單純なる健康保護の理想より出でたる排水事業は之に附帶する灌漑の設備に依りて今や竟に一種財源補充の經營と爲るに至れり。

第六款　生活品保護行政

生活資料の保護制度

生活品の保護に關する自治行政に至りては一般公衆の健康を維持するの外尙汎く營養を住民全般に普及し以て公共の福利を增進せんことを期するに在り。獨國の學家は之を『生活資料の保護事業』と謂ふ。食品保護事業の中に於て最重要なるものは之を食品の檢査、市場の經營及屠場の經營となす、

其一　食品檢査行政

食品檢査の事業が市場及屠場の公營主義と相關聯すること固より疑を容れず。泰西諸國の中食品檢査に關する制度の最克く完備せるは獨國の市邑にして從來自由放任主義を尙びたる英國の如きすら一般の氣運を逐ひ

英國の肉類檢査制度

竟に千八百九十八年中央調査委員會をして肉類の檢査制度に關する決議を爲さしむるに至れり。其決議に曰く『地方團體に於て公設の屠場を具ふるときは其區域内に在て私人の屠殺事業を禁止し特許せられたる屠場以外にて屠られし肉類の販賣を嚴禁すべし』と。英國の市邑は未だ此決議に從ふもの多からずと雖もバーミングハムの如きは他の都市に先んじて科學上の理論に適合せる公設屠場並に其市場を設け更に獨國市邑の食品檢査に關する各種の裝置を參酌して設備最善美を盡せり。

食品檢査制度に於ける二個の要素

地方の食品檢査制度には大凡そ二個の要素を包含す。一は食品の成分を分析し豫め標準を定めて販賣品の眞僞を分つに在り。二は食品取締に必要なる公立檢査場を設置して僞造品を發見するの檢査法を完備するに在り近來工業の進歩に伴ひて商品の數は愈多きを加へ激烈なる競爭に遭ふて各種の奸策を用ひ苟くも低廉の物品を製して華客の心を迎へんとし爲めに消費者の識別し能はざる不正の物品を供給するに至る。住民が日常缺くべからざるの食品に於ては殊に然りと爲す。隨つて其弊害や延て一般國民

國際會議に於ける食品檢査令の統一案

の健康に甚しき影響を及ぼせり。是に於てか歐洲の醫學家は夙に食品檢査制度の急を唱へざる者莫く千八百七十九年アムステルダムに開かれたる萬國醫術會議に於てはフインケルベルヒが『萬國を通じて食品の檢査法を統一すべし』との論を爲すに至る。千八百八十二年のゲントに次で千八百八十四年ヘーグに開かれたる國際衞生會議に於ても亦同一問題の再燃したるあり竟に千八百八十七年墺都の大會に際し食品取締制度の調査委員が其報告書を提出するに及んで各國の食品取締制度は爲めに一大革新を視んとせり。獨國に於けるキヨルン、ドルトムンド等の數市は一定の食品に對して必ず見本を提供せしめ之を分析せしめたり。然るに此分析事業の爲め專門技師を聘せず單に之を民間の化學者に囑托したりしが爲め完全の効果を收むるに至らざりき。其後フランクフルト、アム、マインに於ても率先して公立檢査場を設けたりしも民間の化學者は之を以て自家職業の勁敵となし極力之と抗爭したるが爲め市の經營は竟に其目的を果さずして止めり。爾來普國に於ける四十有餘の市邑に於ては漸次公立檢査場の設立を見るに至りたるもピストルは『其檢査の爲め當業者の支拂ふ料金のみを以て其經濟を計るは該制度の不備とすべし』と論じ檢査場經營の爲め別に財源を案出して手數料を徵するの制を廢止し更に最善の施設を興さんことを望めり。要するに食品檢査の制度は各國共に公衆の健康を基礎と爲せる公益主義を以て之を進捗しつゝあるに外ならず。

食品檢査と公衆の健康

其二　市場經營行政

歐西地方團體の市場事業は固より特占の制度に非ず。近世に至り公營主義の市場新に興りたるは主として一般公共の利益に資せんとするに在り其之を以て財源補充の道に利用するは寧ろ從たるの關係に止まる。獨國中古の商業都市は概ね第十三世紀の頃に於て早きは第十世紀に於て既に公立市場を有し佛國に於ても昔時市場占有の特權は諸侯の掌裡に屬せしも千七百九十年此特權の廢止せられし以來都市は自から之を經營し得ることとなれり。千八百五十四年巴里が二十二「エーカー」に亘れる廣大の市場と二百有餘の小市場とを設け以て率先の業を擧ぐるや漸次傳播して爾來全國

各國市場制度の趨勢

の市邑に普及せり英國に在ては既に久しき以前に於て私人若くは地方團體が國王の特許に依り市場を經營するの慣例を生じたりしが後には國會の特許を要することゝ爲り今や全國の都市を通じて二百六十有餘の市場中其二百十有餘は全く公營主義に屬せり。我邦の如きは關西地方二三漁村に魚市場の制ありと雖も事甚だ微にして未だ世に紹介するに足らず。都市に於ては市場は總て舊慣に依りて未だ新に公立の市場を設くるに至らず。泰西都市に比して殆んど同一の論にあらざるなり。

市場經營に於ける商業保護の主義と健康保護の主義

市場制度は各國を通じて之を觀れば固より公營特占の主義に非ずして寧ろ公私併立の主義を採る。然れども其市邑公營主義の勢が年を逐ふて盛大を致せるは一に市場制度に於ける公益主義の思想大に進歩せる者あるに由れり。中古市邑の市場制度は主として貨物の交易、商品の販路に利するを目的とし當時の市場制度は單に『商業保護の主義』に成れり。然に近世に至り食品檢査の必要其急を促がすに及んで市場制度は始めて『健康保護の主義』を發揮せり。然れども今や更に一歩を進め各人をして直接市場に就き廉價にして且新鮮なる品物を得せしめ一般購買者をして僅少の時間に於て容易く各種の商品を選擇するを得せしめ又小賣人をして僅少の使用料に依り保管の方法最完備せる店舖を借るを得せしむ此の如き理想一たび興るに及び市場制度は玆に始めて最廣汎なる『公益保護の主義』を發揮するに至れり。

近世の市場と廣汎なる公益主義

其三　屠場經營行政

屠場事業は二三歐洲の諸國が法制の定むる所に依り私人の經營を禁止し之を自治團體の特占制度と爲したる點に於て他の保健事業に比し著るしく出色の觀を呈す。

佛國に於ては千八百三十八年の勅令に依り市邑に於て公立屠場を設けんとするときは必ず主務大臣の認可を受けしむることゝし其設立の市邑に於ては私人の經營を禁止せり。巴里が之に依りて自ら五個の市立屠場を設くるや數百の私的屠場は直に廢止に歸せり。普國亦千八百六十八年を以て公營特占主義の屠場制度を布けり。伯林が之に依りて二個の公立屠場を

佛國に於ける屠場特占主義の嚆矢

歐洲屠場事業の小歷史

設くるや約千有餘に上れる私人の屠場は亦全く廢止に歸せり。ミユンヘン市に於て公立屠場の設置に依り八百有餘の私立屠場を閉鎖するに至れり。匈國ブダベスト市の公立屠場も亦特占の事業に係り其宏大壯麗なると夙に國人の誇りと爲せる所にして公立の畜類市場と相接し最便利なる裝置を爲す。伊國に於ては千八百六十五年の法律に依り屠場の設立を以て市邑の特占制度となし且之を經營するを以て市邑團體の義務と爲せり。英國市邑の屠場事業は固と公私併立の主義に依り特占制度には非ず。然れども十萬以上の人口を有する市邑約其三分の二は屠場事業の公營主義を採れり。

夫れ自治團體に於ける屠場事業の特占問題は將來食品保護の急を感ずるに隨て必ずや將來の蔚興を豫測し得べし。獨國ウエストフアレン州の市長マツシエルの調査に依れば歐洲に於ける屠場制度の沿革は其由て來る所極めて舊し。上古埃及に在ては其神に捧ぐる祈禱の儀式に於て獸を屠りて之を獻じたり。アウグスベルヒは千二百七十六年の頃夙に有名なる治水工事と同じく一の模範事業たる屠場を存したりき。中古獨逸の都市は初め公立屠場の發生地たりしと雖も此制度は一時廢滅に歸せり。されど爾來七百年を降り那破崙第一世の雄略と共に屠場公營の制度は更に佛都の中心に其再興を見るに至りぬ。獨り英國に在ては保健事業の氣運甚だ熾んなるも屠場に就ては今尙公私併立の主義を墨守せり。然るに同一系統の米國市邑は却つて近來益〻獸肉檢査の必要なるを覺り公營特占主義の屠場事業漸く發生せんとするの氣運を呈せり。即ちミシガン州に對し千九百年の法律を以て私立の屠場事業を監督するの權を與へ更に進んで自治團體に對し自から之を經營し且一切の私立事業を禁止し得るの權能を付與せり。泰西諸國に於ける屠場制度の趨勢此の如し。我邦に於ては近年屠場法新に發布せられ公共團體が公營屠場を設立するときは地方の私營屠場を禁止することを得るの特別法を見るに至れり。現に公營百二十有餘の中都市公營に係るものは十三箇所あり更に十都市に設立の意向ありと雖も未だ模範事業として特に述ぶるに足るものあることとなし。

第七款　生活品供給行政

獨英二國の市邑と石炭供給事業

地方公營の主義に依り市邑自から實價を以て生活品を供給するの事業は其類未だ多きを見ざれど獨英二國に於ける市邑の石炭供給事業幷に佛國に於ける市邑の牛乳供給事業の如き其最顯著なるものなり。曩に千九百年石炭の價格俄かに騰貴せしの際に當り獨國に於ける二、三の都市は石炭を糴買し實價を以て之を住民に賣却するの利益なるを覺り就中同國聯邦中エッセンに於けるエルハウゼン市の如き最鋭意して之を行ひ英國グラスゴー、マンチエスター、ブラッドフオルドの諸市も亦類似の業を經營せり

佛國市邑と牛乳供給事業

佛國に於ては幼兒の健康を維持せんが爲め新鮮にして且低廉なる牛乳の供給を計畫せるの都市其數少からず。竟に妊婦の健康は胎兒の死亡を防ぐ唯一の捷路なりとし特に妊婦に限り之に新鮮にして且低廉なる牛乳を供給せんことを企つるものあるに至れり。

牛乳供給の事業を以て之を地方團體の公營制度と爲さんとするの論は

プラウエン市と良牛乳の生產法

醫家ボソンケルの痛言

ヒユゴーの唱ふる牛乳供給の公營

近時獨國の學者屢ゝ之を唱道せり。プラウエン市は其千八百九十七年の公報に據るに市場に於ける牛乳に對して比重量の檢査法を廢止し之を脂肪量の檢査法に改め消極なる取締法の外更に進んで不良の牛乳を產する農家に對し無料を以て脂肪質に富める牛乳を生ずるの方法を指示したるは最著名の經營として世に知らるゝ所なり。然れども此の方法たるや單に私人に對し純良なる牛乳の製作を敎ゆるに在りて未だ市邑自から無菌牛乳を供給するが爲め都市の公營主義を行ふには至らず。是を以て當時醫學家ボソンケルは『現今善良の牛乳に加ふるに水を以てしたる者は輙ち刑に問はるゝも肺菌に由りて中毒せる牛乳を販ぐ者は未だ罪せらるゝを見ず』と嗤笑せり。尋でライプチッヒ市に於ては純良なる牛乳の價格甚だ不廉なるが爲め一般庶民は尙潤澤なる飲用を爲す能はざるを知るや純良の牛乳を薄くして之に砂糖を加味したる一種の滋養物を製作し實價を以て之を庶民社會に供給せんとし千八百九十年其一大試驗を行へり。是れ獨國都市に於て行ひたる牛乳供給制度の嚆矢たり。ヒユゴーは熱心に牛乳供給事業に關する公營主義を唱ふるの人なり。其著『都市保健行政篇』の中に痛言して曰く『國民全般の健康を維持せんとせば私人の營業が尙ほ不正なる食品の販賣に依り其私利を逞うする如きも先づ之を矯正せざる可らず。國民の營養に最必要なる牛乳販賣の事業を移して之を自治團體の經營と爲し以て消費者に對する一般の供給を潤澤にし併せて其健康を保障するは夫の水道の公營主義に比して其利叓かに大なる者あらん。殊に兒童の成育保護に關くべからざる牛乳供給の一事に就き小商人の奸計を防禦するを急とす。之が唯一の手段は他なし。只地方の自治團體が此事業を特占するの一途あるのみ』と彼の如きは亦最熱心なる牛乳供給の公營論者と謂つべし。

英國市邑と牛乳消毒事業

轉じて英國市邑の中牛乳の供給に關して公營制度を採れるものを視るにセント、ヘレン、リバプール、ハッチングハム市の如きは蓋し其著るしき事例たり。就中セントヘレン市は其兒童の死亡比例甚しく進めるを視之れが救治策として千八百九十九年率先して市自ら殺菌消毒を行ひ越えて翌年に至りリバプール市も亦之に倣へり。然れども是等は皆牛乳消毒の公營制

生活品保護制度と其進化

度に止まれり「フアビヤン」協會の如きは更に一歩を進め都市をして各自牧場を有せしめ自から牛乳を供給せしむべきを唱ふれども此點に於ては未だ地方公營の主義を採れる者あるを視ず。近く米國都市に於て兒童の死亡比例が年々增加するは都市生活に伴へる諸弊の中最憂ふべきものゝ一なりとし其兒童に供給する牛乳の不良なるを以て疾病の一原因と爲せり。

要するに歐西二三の國に就て其生活品保護に關する地方制度を案ずるに今や消極的檢査主義より一變して積極的供給主義に進み積極的供給制度に在ても始めは單に救濟行政の一端として燃料供給の制あるに止りしも竟には最廣汎なる保健行政の施設として食品供給の制を生ずるに至れり。然れども歐米諸國の全般に就て之を察するときは未だ共通の制度を發見すること能はず。即ち各國の狀態に依り亦別に其取捨如何を究めざるべからず。

第八款　土地分貸行政

細民保護と土地分貸制

近世に至り自治團體は直接に其生活資料を住民に供給するの制度を立つるに止らず更に郊外の土地を其住民に分配貸付し間接に生活資料を自作せしむるの制度を設くる者あるに至れり。英國に於ては夙に細民保護の爲に土地分貸制度の必要なるを唱へられ千八百八十七年地方經營の局に當れる各個の公共團體をして此目的の爲には土地買收の權能を行使することを得せしむるに至れり。ノッチングハム市の如きは其規模の最大なる者にして二百卌「エーカー」の土地を以て之を千五百人に分貸せり。獨國に於ても亦近世に至りて地方公營主義の土地分貸制度を採用せり。之が動機をなせるは主として細民をして其家族の健康と娯樂とを助けんが爲め郊外の土地を分貸し野菜又は草花を栽培せしめんとするに在り。所謂『家庭園』の制

都市家庭園と都市果樹園

是なり。『都市家庭園』の制はキール市に於て最舊くより之を設置し千九百年の末尾に至りては既に二千八百有餘の分貸を爲し貸付を受けたる市民は競ふて家庭園に入り各種の果樹を栽培せり。千九百年マグデブルヒ市の如きは更に進んで『都市果樹園』の名に依れる特種の制を設け先づ二十「モルゲ

ン』の土地を買收して之を市民に分貸し一定の果樹を栽培せしめたり。初めは反對の聲甚熾んなりしも竟には實際の成功に鑑み市は更に其分貸地を倍加するに至れり。同國に於ては近年に及び殷盛なる都會の市民に對し其の家庭に在て清新なる天然の娯樂を得せしめ以て單調無味なる都市の職業より當然生ずべき人心の枯槁を救はんとし土地を分貸して生花植物の栽培を爲さしむるの必要なることを唱道せり。かくて『果園保護制度』に加ふに更に『花園保護制度』を以てするに至れり。佛國に於ては市邑の土地分貸制度や未だ獨英二國の如く一般の氣運を動かすに至らず。巴里の大都市を以てして千八百九十一年以來都市の農業殖民地を設けたるは既に之ありしも之を庶民に分貸するの制を設けたるは寧ろ近年の事に屬せり。又米國に於ても千八百九十三年の凶荒以後デトロイト、バファロー二市に於ては新に土地を買收して細民に貸附し以て甘蔗を培養せしめ自家の勞力に依りて新鮮なる營養を得せしめんことを努めり。是れを特に『甘藷耕地の分貸制度』と稱す。

果園保護と花園保護

米國に於ける甘蔗耕地の分貸制度

英國の『田園都市』

田園都市の理想と健全なる國民

各自の田園趣味と集團の田園生活

此土地分貸の制度をして將來之が進歩を促がさしむべしと豫想し得べき一の動機は近年に至りて起りたる『田園都市』の名に依りて既に發生したる一種の改良事業なりとす。此事業の創意者を英人エベネザー、ハワードとなす。ハワードは千八百九十年に發刊せられし米人ベラミーの『回顧論』を讀み深く爲めに感發し乃ち農業を中心として市民の一集團を置くの考案を起し竟に倫敦を去ること汽車の行程約一哩の所に就て一千五百二十町歩の地を購ひて此の考案を實行せり。部落の中心に菜園あり。運動園あり。遊泳場あり。其他衣食の料は共同購入の法に依り最廉價にて其供給を受けり。之を『田園都市』といへるは田園生活を中心として新に市民生活を授くるより來れり。念ふに此田園都市の創意者は市民の改良に關して最偉大なる理想を懷抱せり。蓋し健全なる國民は國家の興隆に向つて重要なる基礎たること言を待たず。然るに此健全なる國民を造成することは固より之を大都市の生活に望むこと能はず。是れ田園都市に須つ所頗る大なる所以なり。夫れ土地分貸の制度は市民をして各自に田園生活の趣味を覺らしめ田園都市は市民をして相集團して田園生活を組織せしむるに外ならず。故に都市の土地分賃制度よりして更に一歩を進むるときは竟に『田園都市』を現出するに至るや必せり。

第九款　浴場行政

所謂浴場行政とは市邑自から浴場を設け又は往々之に附帶して洗濯場を具へ一般人民の利用に供し以て其公共の衛生を保護するをいふ。而して公營の浴場、洗濯場を使用する者より一定の料金を徴するを普通とす。我邦に於ては未だ多く是等事業公營の要を見ざるが如しと雖も歐西諸國に在ては亦實に必要の一事業たり。

歐洲古代の公營浴場

公立の浴場制度は古代に於て既に公營主義に依り最も旺盛なる發達をなせり。即ち羅馬に於ては紀元前三百十二年に於て八百五十六個の公立浴場あり其一年費す所の水量四億萬「ガロン」に上りしと傳ふ。中世紀に於ては日耳曼の諸市も亦自から浴場を有する者少からず。然るに近世紀に至り。英國政界に在て公立浴場制度の論最も熾なりしとき率先して都市公營主義の中興をなしたる者は之をリバプール市に推さゝるを得ず而して千八百四十六年公立浴場、洗濯場法發布の後始めて之を實施したるものをバーミングハムと爲す今や英國に在ては人口五萬以上を有する市邑にして公立浴場の設あらざるは無く而して其多くは浴場に附設するに公立洗濯場を以てせり爾來公立浴場制度は獨國諸市にも普及し人口五萬以上の市邑計五十五中四十は皆之を有せり殊に近來獨國の公立浴場協會は更に斯業の普及に對して之が振作に努め同國千九百年の統計に依れば市邑の公立浴場は全國を通じて二千九百十八個即ち一萬八千人に付一個の浴場を有するの比例となれり佛國に於ては千八百五十年都市浴場制度の調査委員を設け其翌年六十萬法の國庫補助費を決議し都市の浴場公營主義を奬勵せり而して近年公立浴場制度の延て米國に傳播するや米國の市邑は多くは進んで無料主義の浴場事業を開設し歐洲の制に比して更に一頭地を拔けり米國市邑中ヨンカルスは實に浴場公營主義を取りたる率先者にしてボ

近世に於ける英國の公立浴場と洗濯場

米國の無料主義浴場

ストン」は更に無料浴場制度に加ふるに遊泳設備を併置したるの模範を立てぬ。而して紐育州の如き千八百九十五年に於て人口五萬以上の市邑は必ず自由公立浴場を設け一日少くとも十四時間は之を公開すべしとの制を發布するに至る。

歐西市邑の浴場事業は固より之を特占制度と爲すに非ずと雖も其經營の理想は財源補充の主義に非ずして寧ろ福利增進の主義に在り。而して其の福利增進の主義は初めは專ら健康保護の理想より出でたるも近世に至りて更に游泳練習の事業を併置し斯くして重ぬるに教育及娛樂の理想を以てせり。殊に米國の如きは竟に無料主義の公立浴場を創設し。且之を自治體の義務的經營と爲すの法制を取るに至れり。我邦に於ける公立浴場は主として天然の溫泉を有する團體に於て最も著るしき發達を爲せり。兵庫縣の有馬、群馬縣の草津、大分縣の別府の如き是なり。特に公衆の衛生を重んじて浴場を設けたるものゝ大阪府泉北郡湊村の如き唯一の例なり。然れども是れ浴場を公有するに止り其管理は之を私人に請負はしむ。要するに我邦の浴場は私營主義の狀態に止るものと謂ふべし。

第十款　住居行政

自治團體の住居行政は近世都市に於て人口稠密に伴ふて起りたる諸弊を防がんが爲めに發生せり。即ち住居行政は自治團體に於て家屋を建設し適當の使用料を取りて之を庶民に貸付するを以て目的と爲す。泰西諸國に於て住居行政を促すに至れる第一の必要は健康保護に關する衞生上の理由に基くと雖も其第二の必要は家庭整善に關する風敎上の理想に在り。住居行政は歐米諸國特有の社會狀態より來れる者にして我邦に於て直に之を採ること能はざるは固より言を待たず。然れども防疫上の必要より一二の局部に在て既に之れを促すの情勢なきにも非ず。玆には唯住居制度に關し歐西諸國の力を用ゆると如何に周到なるかを示さんとするのみ。

住居改良事業と各國法制の異同

住居改良に關する國家の法制最も能く整備せるは英佛二國なるも其最周到にして且多方面なるは之を獨國となす。獨國に於ける模範的住居制度

獨國の模範的住居制度

ミケール法案と干與政策

デユセルドルフの居室容積制限令

の嚆矢は千八百九十八年に於る索遜國の法制にして家屋檢閱の制は此時に始まれり。其後フランクフルトの市長ミケールが住居改良制度の考案を某學提に出會するや始めて學說上の論端を啓けり。彼れ其持論の要として都市不健康地の住居を禁じ庶民家屋の建築は『都市保健委員』又は『住居委員』の承認を經たる計畫に依らざるべからざることを唱へ夫の英國に於けるが如く自治放任の業に委せず獨國國民に對しては必ず法制に依て之に干與するの必要なることを主張せり。所謂『ミケール法案』と稱せらるゝものゝ是なり。其後フランクフルト市のアヂッケルはミケールの精神を繼承し人口一萬以上の都市には都市の內外に於て土地收用の權限を附與し家屋建築の土地を準備し地代の騰貴、家賃の增嵩を防止せんことを期し再び法案を帝國議會に提出せり。然れども此の『アヂッケル法案』は土地の既得權を害することと甚しとして竟に議會の排斥する所となりぬ。近來獨國都市の住居制度中最も著名なるは都市自から定めたる『居室容積の制限令』にして千八百九十五年デユセルドルフ市の創定に係れり。其制に據れば各兒童には五方呎を給し成年には十方呎を給し異性の家族は十四歳以上に達するや必ず其の室を異にすることを要せしむ。然るに庶民家屋の建築に關する積極の經營に至ては初めは之れを私立會社に放任し都市は之に對して少許の補助を爲すに止まりぬ。建築に適する土地は之が爲め投機的賣買の餘響を受けり。是を以て庶民社會の負擔に屬する家賃は却て多く低下せず家屋の構造は依然として其粗惡の狀を改むるに由なかりき。是に於てランブレヒト、ミュルハウゼン、フライブルグ諸市の如きは進んで都市公營主義の建築事業を創始するに至れり。

建築事業と公有地の利用

然れども獨國の都市は建築事業の公營制度を以て尙足れりとせず亦別に建築事業に對する一種の獎勵制度を創始せり。即ち一は『私人の建築事業に對する都市の公地貸付制度』にして一は『私人の建築事業に對する都市の抵當融資制度』是なり。從來獨國に在ては地上權の制未だ確定せざりしも千九百年實施の新民法に於ては特に『永代建築權』なる一種の物權を設定し之を抵當に付することを得せしめたり。爾來都市の公地を私設の會社に貸付

新民法の永代建築權

し小家屋を建築せしむるの業は爲めに一大進歩を加へたり。獨國都市にして永代建築權設定の契約を實行したる率先者はフランクフルト、アム、マインの市なりとす。其契約期間は八十年の長期に亘れり。然れども家屋の買收權に就き何等定むる所なかりき。尋でハレー市に於ては七十年の期間を以て其地上權を公有地に設定し其期間滿了の時は其價格の四分の一を以て之を都市に收用し得るの約款を定めたり。フランクフルト市はアチッケルの主唱に依り地上權を其公有地に設定し六十年の期間を以て家屋を建築せしめ其期間の終りに至れば都市は何等の賠償なくして之を收用し得ることゝ爲せり。

地上權と買收權

所謂『抵當貸付の方法に依れる建築事業奬勵の制度』は地方團體の資金を私人に融通し抵當權を都市に收め置くの制なり。千九百年デュセルドルフ市に於て試みたる『抵當貸付局』の設置は蓋し獨國創始の業にして其抵當貸付局の有する建築貸付基金は已に百萬瑪《マルク》の多きに上り更に公債二千萬瑪を起すの認可を得たり。要するに獨國都市は其任意の考案に基き自ら住居

建築事業と資金の融通

改良の擧を企つるの外國家は未だ之に關する一般劃一の制度を與すに至らず。

英國の住居改良制度に於ける奬勵主義

然るに英國に於ては幾たびか從業者家屋の改善及建築に關する法制を設定し又之を變易する所あり曩に千八百五十五年及千八百六十年の『有害物撤去條例』始めて制定せられ尋で千八百六十六年及千八百七十四年の『衛生條例』並千八百七十五年の『公共保健條例』に依て第一次の法制期を成せり。此期の法制は『家屋監査制度の時代』にして地方行政廳には檢査員を設け之に家屋を査察するの權を與へ一種の制裁を附して公害の除却を命ずるに在りき。然れども是等の制は尙消極的なるを免れず之に依りて都市自から家屋改良に關し積極的經營を行ふこと能はず。且此制は家屋各個に對する局部の整理を行ひ得べきも未だ之に依りて一定の地域に對し全部の改善を行ふこと能はず。是に於て千八百七十五年、千八百七十九年及千八百八十二年の『從業者住居條例』に依り都市に對して市內の區域を指定し其家屋を撤去せしめ一定の計畫に從て全體の新築を爲すの權限を附與し竟に家屋

消極的の監査權

一區域の改築權

新築の爲め新に土地收用權を都市に與へ之が爲めに起せる公債に對し國家は保證を爲すに至れり。斯くして第二次の法制期即ち現今の『家屋改築制度の時代』に進めり。夫のグラスゴー市及バーミングハム市の如きは即ち鋭意して住居改良の事業を斷行せし英國都市の嚆矢なり。前には千八百六十六年の頃五萬の人口相密聚せる八十八「エーカー」の地を收用して家屋を改築し爲めに費す所は二百萬磅の多きに上れり。後には千八百七十五年を以て九十「エーカー」の地に於ける四萬の人口に對して家屋を改築し其經費百七十萬磅に達したれども現今一年六萬磅の收入あり。要するに二市が率先して家屋改築の公營主義を實行し其規模計畫の宏大なりし一事は固より獨國都市の及ぶ所に非ず。特に國法に依りて土地家屋の收用權を地方團體に與へ或は其起債に對して團體の信用を保證するが如き所謂『家屋改良事業に對する國家奬勵主義の制度』に至ては始めて之を英國に見る。

佛國の住居改良制度に於ける保護主義

佛國の家屋改良に關する國家的法制は千八百九十四年の『低廉家屋條例』を以て之を制定し先づ其奬勵の任に當るべき行政機關を建設せり。即ち各

建築事業と融資制度

州に委員を設け家賃低廉にして構造の健康に適せる家屋の建築を奬勵せり。主唱者の名に依りて俗に『ジークフリ法』と稱する者是なり。其委員組織は縣會に於て其三分の二を選び其三分の一は地方長官之を指命することと爲せり。且法律に依り地方部慈惠局をして地方長官の認許を得其資金を住民家屋の建築事業に融通することを得せしめ尙國庫預金局が其資金五分一の範圍に於て亦同一の融資を爲すことを許し尋で千八百六十八年に至り生命保險會社に對して亦此融資方法を認許せり。而して千八百九十五年の補充法は更に進んで貯蓄銀行に對し其預金の一部を以て庶民家屋の建築事業に貸付くることを許し其受くる所の利子は年四朱を越ゆることを禁せり。庶民家屋の免稅制度も亦此の法を以て嚆矢と爲す。即ち該法に於ては人口に依り都市に區別を設け一定額以下の家賃を拂ふべき家屋には

建築事業と免稅制度

建築後五箇年間は窓戶稅を免除せり。之を總ぶるに佛國に於ては住居改良事業に關し國家が直接に私人の經營を保護するの周到なること以上述ぶる所の如し。是を稱して『家屋改良事業に對する國家保護主義の制度』といふ。

學者間に於ける公營主義の評論

國際會議と住居問題

然れども國家又は都市の公營主義に至りては尙未だ制定せらるゝに及ばず、就中佛のピコー、ロスタン二氏の如きは却て住居問題に關する國家若くは都市公營主義の論を痛擊して亦餘力を遺さず。曰く『此の如くして公營主義を奬むるときは爲めに私的企業と競爭の端を啓き民業の活動を沮害するのみならず元來事業の經營に數多の短所を有する行政廳に信賴する結果として經理上幾多の不利を生じ併せて政治的感情の爲めに驅られ之に利用せらるゝの弊害を釀さんことを恐る』と。現に千九百年の國際會議に於ても佛國出身の博愛家は庶民家屋に對する公營主義の制度を非とし公然排斥の決議案を提出せり。當時英國の代表者ウアタルロー白耳義の博士デニス、獨逸のブラント等が極力之に反對したるが爲め會議に於ては竟に此點に就て未だ解決を下すの時機にあらずと決議し多數の會同者は寧ろ暗默の裡に於て都市公營主義を承認するの氣勢を示めせり。此の如く本來放任主義を守れる英國が却て住居改良事業に就きては最旺盛なる公營主義の制度を實施せるに反し夙に保護主義の政治を尙べる佛國が未だ地方公營主義の制度を採らず依然として國家保護主義の制度を布けるに止るも亦一奇とすべし。

住居問題と交通問題

英佛獨諸國の趨勢大要此くの如し。此間に於て交通問題を以て住居問題を解決するに熱中するは白耳義を推して其著しきものとせざるを得ず。同國のエミール、フエルヘース博士は嘗て職工の交通機關に就て論じて曰く『從來の職工は日曜日、一日の外は一週の間二六時中煤煙濛々たる裡に齷齪して其生を送らざるべからず。然るに今日は國有鐵道の賃銀は著しく割引せられ特別の勞働汽車は大都市と近郊との間に數十回往復するが故に職工は其家庭を田園の間に置き家族をして農業生活を營ましめ己れも亦每日之より往復するに止まるを以て低廉にして健康なる住居を得るに便あり』と。謂ふに斯くの如きは勞働鐵車又は勞働電車に特有なる一種の利益にして白耳義の識者が『住居問題は即ち交通問題なり』と唱ふるは之が爲めなり。米國に於ても近來市街鐵道擴張せらるゝに從て郊外に於て廣濶なる建築地の供給せられたるがため市內に於ける建築地の地價は甚だしく下落せり。獨逸に於ても之と同様の趨勢を呈するを見る。現に伯林に於て勞働に從事せるもの八萬五千人の内市外に居住せる數は四萬六千人に登れり。是れ實に市街鐵道擴張の賜と云ふべし。彼のマンハイムの市長ベックは嘗て言へり『現在の市外鐵道及び將來敷設すべき市外鐵道を市營となし以て都會と農村との交通を近密ならしむるときは之に依て狹隘なる地域に人口の密接することを防ぐを得べし』と。之れ即ち住居問題に關連して都市の市街鐵道經營論の出でたる所以なり。

良好なる家庭と健全なる心神

西人常に謂へり『健全なる家庭は國民に健全なる心神を與ふるものなり』と。蓋し國民は家庭に依りて造成せらるゝが故に其家庭を齊ふると否とは實に社會の風氣に關する重大の問題たらずんばあらず。嘗て東部倫敦に於ける改良家屋落成の式あるや時の首相ビーコンスフヰルドは其式場に臨みて該事業を稱揚し『家庭に於ける健全なる生活は國民の幸福及活力を增すの基なり』といへり。當時醫學社會に於ても倫敦の從業者が其住居の不完全なるより又隨て家庭の不秩序なるより來れる各種の損耗を算出し一年

住居改良制度綜説

無慮三千萬圓の多きに上れるを唱へ以て住居問題の國家經濟に影響する所甚だ大なるものあることを記せり。要するに歐洲都市に於ける人口密聚の勢は固より我の比に非ず。隨て彼に在りては其住居制度や消極的なる建築取締の行政より既に一變して積極的なる建築自營の行政と爲れり。今や社會の進歩に伴ひ識者一層重きを家庭の問題に置き住居整善の一事を以て善良穩健なる國民生活を營むに最必要なる條件と爲せり。即ち近世に於ける自治の住居行政は衞生を主眼とする健康保護の理想に加ふるに更に家を齊へ俗を移すべき國民風化の理想を以てするの趨勢を認むべし。

第十一款　埋葬行政

墓地事業の趨勢

凡そ泰西の市邑は皆公營主義を以て原則と爲し極めて寡少の例外として放任主義を存する者保健行政の中尙一あるを見る。是を墓地制度の問題とす。佛蘭西、伊太利白耳義、諾威、及瑞典の市邑に於ては總て墓地の私設主義を發見すること能はず。佛國の如きは千八百四十三年以來墓地の公營主義を以て市邑の義務的經營と爲せり。從來寺院並に慈惠院に於て墓地を經營せしもの多かりしも同年勅令を以て葬儀と墓地との管理を區別し地方公共團體に非ざれば墓地を經營すること能はざるの制を採れり。獨國都市の墓地は公設私設の二制度を存し五萬以上の人口を有するシャロッテンベルヒ、ドルトムンド、ポッダムの外尙ほ三市は公設墓地のみを有しケョルン、ドレスデン、ケーニヒスベルヒ、ブランスウヰックの外尙四市は一の公設墓地を有せず。ハンブルヒは寺院所有の墓地十五箇處を算し其間只僅に一の公設墓地を有するに過ぎず。殊に猶太人の團體は各自獨立して其墓地を有せり。獨國の墓地制度は此の如く公私併立の主義に依り佛國の墓地制度と全く相反するものあり。英國の都市は埋葬局管理の舊墓地ある者の外悉く公設の墓地を有し尙千八百七十九年の公共保健條例に依り地方政務局は必要と認むる場合には市邑を强制して墓地を設けしむるを得ることとせり米國に於ては人口二萬五千以上を有する市邑の中其の過半は公設の墓地を有す。ジオルジ、ロランス、コーンムは倫敦府會に於ける統計家にして又自治行政の原義を研究するの人なり嘗て市邑團體と墓地制度との關係を論じて曰く『英國普通法の原則に依れば英國人は其所屬の寺區に在て死するときは其寺院の墓地に埋葬せらるゝの權利を有す隨て墓地の設備は團體に於ける義務的經營に非るも又必要的經營に屬する者と言はざるを得ず故に墓地經營の爲に要する所の經費は固より一般士民に對する課稅を以て之を支辨するを適當とす而して之と併せて墓地の使用料を徵收するは寧ろ特別の利益に對する報酬主義に基く者と認めざるを得ず』と斯の如き墓地に對する權利的觀念は英國特有の法制なり要するに現今自治義務主義の墓地制度は佛國を除くの外他に之を發見すること能はず然れども各國の市邑は其保健行政の必要よりして墓地の公營主義を原則と爲せり殊に窮民の死者並に身元不明なる行旅死亡者に對しては公費に依つて之を埋葬するを視る我邦に於て市公營の墓地は凡そ二十九箇所に過ぎず市區の改正都市の衞生と共に墓地の移轉は各地に起れる一問題なり又之と共に墓地の取締上之を公營特占の事業となすべしとの論も亦地方に依りて已

に發生を見る。

人若し泰西諸國に遊び一たび其墓地を巡覽せんか墓碑には或は死者の遺言を銘し或は傳記を錄し飾るに石工の妙技に成れる美術品を以てし且遶らすに四時人目を娯ましむるの花卉を以てし人をして恰も遊園に入るの感あらしむることを見ん。故に兒女も此處に來り遊び士民も亦相携へ相伴ひ其間に遊歩自適するを常とす。蓋し歐洲人の理想とする所は旣に墓地制度を以て單純なる衞生問題と爲さず進んで之を美術問題と爲し今や更に人をして過去の偉人に私淑せしむべき一種の訓育問題として之を發達せしめんとするに在り。近年我邦に於ても『農村義墓』の制を設け玆に其農村より出でたる篤志家、善行者又は功勞者の墳墓を聚め飾るに花木を以てし彰はすに其紀傳を以てし村人をして其紀念日に展墓の式を行はしめんとするに在り。亦一種の訓育事業と謂つべし。帝都の如き江戶以來の學者偉人の墳墓を一定の地に聚めて之を保存し永く其祭奠の禮を絕たざるが如きは墓地整理の問題と共に考究すべき所なり。

泰西墓地の特徵

義墓の主唱

墓地の狹隘と火葬の必要

歐西諸國の墓地制度に關聯して法制上の關係を惹起せる者之を火葬制度と爲す。嘗て某統計家は言へり『倫敦府に於ては墓地の爲めに毎年二十四「エーカー」の地を要し紐育の如く千人に就き二十人の死亡比例を有する所は死者を以て毎年十五「エーカー」の地を占有するの實況なり』と。墓地狹隘の結果は此の如くして竟に歐洲大都市に於ける火葬制度の必要を促すに至れり。之に加ふるに土葬の爲めに生ずる舊き死屍の分解的作用が其一般市民の保健狀態に及ぼす影響は市邑をして亦火葬公營制度を興すの已むを得ざるに至らしめたり。從來火葬制度に反對する所の論は常に感情的か又は宗敎的の理說に胚胎し其の多くは基督敎の舊慣故式を墨守する崇信家の唱ふる所に出でたり。現今に至りて各國の市邑は公費の救濟を受くる一部の貧民に對して火葬を强制す。ボストン市に於ては市尹クイッセーは夙に公立の貧民火葬場を必要とし旣に之を實行せり。佛國に於ては從來火葬を禁止し稍〻之に依て毒殺を防ぐの目的を達したりしも大都市にては墓地の狹隘なるを告げたる結果千八百八十七年竟に火葬を許しぬ。其後巴里

死者處置制度の必要

市會の如きは市民に對して火葬の强制令を制定し監督官廳の認可を請ふに至りしも政府は之を許さずして已みぬ。我邦現今市公營の火葬場は凡二十七箇所に上れり。農村にして之を經營するもの亦之なきに非ず。大阪府西成郡粉濱村の如き又京都府葛野郡衣笠村の如き火葬場を經營し併せて葬儀場を設けたるは出色の事業たるを失はず。火葬場は比較的有利の事業たると其性質保健行政に關係あるを以て近年之を自治の經營となさんとするの傾向は各地之を見ることを得べし。

近世に至り泰西都市の人口益稠密なるに伴ひて保健行政の進歩最著しきを致すや法醫學者は切りに『死者處置制度』に關して行政上の注意を喚起するに務めざるものなきに至れり。歐西識者の論ずる所に依るに『現今の死者處置制度は單に哀悼の感情又は宗教の觀念のみに依て之を決定すべきものに非ず。勿論市民全般の健康問題に關しては特に周到なる考慮を費さざるを得ず』といふに在り。然るに獨國に於ては『死者は生者を制す』といへる諺あり。死者に對して悲哀を表し外觀を盛にするの情誼は依然として現今の國民生活を風靡し生者に對する全般の健康如何の問題は却て之を不問に付するの傾あるに似たり。然れども火葬勵行の問題は地方の衛生狀態を進めんとする公益保護の觀念と相須つて近き將來に於て更に旺盛に向ふべきに似たり。

第五節　交通行政

交通事業の中道路行政の如きは其性質固より自治の經營に屬すべきものたり。然れども其公私經營の關係に就ては今別に之が講究を爲すの必要を認めざるを以て玆には單に道路行政に附帶せる二三制度に就て之を叙するに止め港灣行政、巡航行政に關しては公私經營の關係に就き少しく述ぶる所あらんとす。

第一款　道路行政

道路行政は各國の制度を通じて地方行政中先づ最も發達整善の端を啓

農業上の利用と交通上の整備

きたるものと爲す。而して各國の政府が地方道路の整善に向つて奬勵を加へたる所以のものは都市と村邑とに依りて漸次其理想を異にするものあり。即ち村邑に向つては農業上の利用を其主眼とし之に反して都市に在りては交通の要素を以て其骨子と爲せり。唯佛國の如きは市邑の道路行政往々にして早計濫費に過ぎ國庫及州の補助政策も亦甚だ寛大に失せり。普國及伊國に於ては今に至るまで國庫補助の制度は微々として錄するに足らざりしと雖も沿道の人民をして特別の負擔を爲さしめ以て道路費を輕減するの法を制定せり。英國に於ては夙に道路行政のみの爲めに特種の地方團體を造成し救貧稅を基とし尙該團體自から道路費を賦課するの制を採れり。

近世都市の道路行政は單に交通上の理想に依るのみに非ずして更に都市生活に固有なる特種の關係を聯結せしむるに至れり。即ち其一は『實利的事業の爲めにする道路の利用制度』にして第二は『美術的事業の爲めにする道路の利用制度』是なり。

第一、實利的事業の爲めにする道路の利用問題は給水、排水、瓦斯、發電、及市街鐵道の新興に依りて土地の表面及地下を使用するの必要より起れり。之が爲め從來道路事業に對する『沿道受益者の特別辨償問題』は一變して道路に對する『使用受益者の特別辨償問題』と爲れり。而して後者は延いて私營の特占事業に對する各種の法制問題を發生せり。

沿道受益者及使用受益者の特別辨償問題

第二、美術的裝飾の爲めにする道路の利用問題は學者又之を『道路の審美的作用』といふ。近世市邑に於て道路を裝飾するの方法は要するに二個の方面に向て活動す。一は『道路自體に於ける美術の裝飾事業』にして道路に植樹を行ひ又は道路に彫刻物を排置するが如きをいふ。二は『道路外觀の爲めにする美術上の保護事業』にして道路の美觀を保つが爲め家屋の建築を整へ又は公道に露出せる廣告の類を制限するをいふ。以下少しく此二個の裝飾事業に就いて述べん。

道路美術上の保護と裝飾

第一項　道路植樹事業

道路自體の美術的事業にして最特殊なるは巴里の道路植樹制度なり。之

森林美學と西班牙バルセロナの並樹道路

が爲めに一局を市廳に設け道路にして其幅二十米突以上のものには必ず其兩側に並木を植えしむるの制にして到る處培養其宜しきを得綠蔭亦滴んとする者あり。其の費す所一年拾二萬圓に及ぶ。是れ街路に於ける娛樂と保健とを併用したる一種の裝飾事業たり。米國の華盛頓も亦特に委員を設けて街路の植樹を擔任し紐育に於ても亦市民の健康上最須要のことなりとし千八百九十九年に於て道路の植樹をば同市公園委員の管轄内に置かんとするの法案を提出するものあるに至れり。近年歐洲に於て『森林美學』なるもの唱導せられ都市植樹の問題著しく研究せらるゝに至れり。西班牙の一都バルセロナは市區改正と共に最能く並樹事業を完成したる都市の最顯著なるものなり。今や都市の道路を以て直ちに公園の作用を呈せしめんことを努めつゝあり。我邦に於ても農村の道路にして耕作に支障なき限りは果樹其他の收益植物を以て之を裝ひ都市の道路は濶葉樹を以て之を掩ふこと須からく其普及方法如何を研究せざるべからず。

第二項　道路彫刻事業

裝飾事業と道路彫刻

道路に於ける植樹問題は更に進んで道路に於ける彫刻問題に移れり。米國の都市改良調査委員の一人たるチャーレス、ロビンソンは嘗て『都市の改善』と題せる一書を著はし其中に於て都市公衆の觀に供せらるべき道路公園の彫刻に就き其美術上及敎化上に於ける作用に關し頗る剴切沈痛の意見を發表せり。曰く『都市は公營の彫刻に對して徒らに鉅額の資金を費すを以て必ずしも能事と爲すべきに非ず。須からく意匠着想の秀逸なるものなくんばある可からず。都市の彫刻は市民の品位を彰はし長へに其盛衰の歷史を遺すに足る。要するに都市公共の彫刻は啻に裝飾的作用を爲すのみに止らず之をして既往に於ける思想と功業とを想起し崇高なる市民生活の風を興すに足るべき訓育的作用を有せしむるを要す』と。

彫刻物と訓育の着想

吾人は彫刻と敎育との關係に就て未だ此の如く痛切に之を論じたる者あるを見ざりき。彼が自家の論據を確むるが爲めに掲げたる敎訓的彫刻の事例に就て之を見るに英京トラファルガーの十字街に屹立せるネルソン將軍の紀念塔には將軍が砲彈に中りて將さに斃れんとする刹那其國民に告げたる訣別の一語たる『英國は英人各自が其務を盡さんことを望む』の文字を刻めり。言最簡なりと雖も其眞摯の誠永く世人をして感に禁えざらしむるものあり。佛人此紀念塔の擧を聞くや直ちに議を決して花崗石を瑞典に取り以て那破崙帝の墓碑を彫刻し之を巴里市の中央に建立せり。其の周圍には帝が生前自から經營せる內治の諸事業を書にし帝が各地に連戰して獲たる軍旗を以て其墓を飾れり。加之其墓側には帝の歿するに至るまで病牀に侍したる忠僕の肖像を建置し上に刻するに帝が『我死なば余の最愛するセーヌ河畔に我骨を埋むべし』と言へる絕命の辭を以てしたり。是れ永く後人をして英雄の志業を想起せしむるに足るものあり。去て米國に行かばグラント將軍の碑に『各人をして平和を保たしめよ』との教訓を遺こせる、大統領リンコルンの紀念塔には『諸善必ず之を行ひ諸惡敢てすること勿れ』との金言を以てするを見ん。此の如きは亦自から從容迫らざる平和國民の風を表はせるものと謂ふべし。夫れ此の如く美術上の彫刻も意を其訓育的の作用に用ゆるときは裝飾事業は一轉して又風化政策と其步趨を一にするに至らん。我邦に於ける頌德碑、紀念肖像、表忠碑の類も亦意を玆に用んことを望まざるを得ず。

第三項　家屋制限制度

羅馬巴里の家屋制限

市街の美觀を保護するの制は先づ家屋建築制限の法に依りて其端緒を啓けり。而して此目的に依れる家屋制限制度は羅馬を以て最顯著なりとす。同市の家屋制限令は千八百八十七年の制定に係り建築の體樣材料及高度は一切公共の監督を受けざるべからず。其制に依れば同市一定の道路に於ける沿道の建物は其面する路幅の一倍半を超ゆることなきを要し其最低限度は十四米突其最高限度は二十四米突なりとす。巴里市に於ける家屋制限令の制定は羅馬に比すれば十數年の以前に在り家屋の階數及高度に關して一定の制限を定むるの外一般沿道の家屋は相互に其構造に於て調和と一致とを保持せざるべからざるの主義を採れり。

白耳義に於ける美術的建築の獎勵

白耳義ブルッセル市は其新興の勢を以て街路の美觀を添へんとし之が爲め千八百九十四年一大協會の組織始めて成るや市内に於ける優等の美術的建築物に對し一定の獎勵金を與へたり。而して此の一事は痛く巴里の當局者を刺激し巴里市會

クリブランドの建築改良

は其議員より五人の審査委員を選び市當局者と共に巴里市中の美術的建築物六個を選定し之に對して道路税の半を免除するの制を設け競爭方法に依り都市の美観を添へんことを計畫せり。近々米國都市の內にて都市の美観を計畫せることとクリブランドの如きは稀に見る所なり。同市は固と米國のセッフキルドと稱せられ最活動せる商業都市の一なり然るに獨り實益の事業に汲々たるのみならず裝飾の事業にも亦能く着眼するに至れるは最も注目するの價あり。即ち先づ建築監査委員を設け此委員に向て都市の美観を害する家屋の建設に對しては特に否認權を與へたり。殊に公の營造物は市內一定の區域に聚合し其建築方法に心を用ゐて市の美観を添へんことに力めたり。

第四項　廣告制限制度

巴里の植樹廣告の嚴禁

沿道家屋の制限制度に次で近世都市が道路の美観を保護する爲めに力を用ゆる所のものは『廣告制限制度』是なり。廣告制限制度は今や歐米都市を通じて一般に能く行はるゝを観る。即ち巴里に於ては國法を以て夙に植樹に廣告を掲ぐることを禁じ各國都市も亦何れも廣告の面積及高低に關して一般に之を制限せり而して紐育市に於ては更に公園に於て廣告を掲ぐることを嚴禁し近年市俄古に於ては邸宅ある地方の前面なる住民四分の三以上の同意を經るに非ざれば廣告を道路に掲ぐることを得ざるの新法を布きヱヂンバラ市は廣告を掲ぐべき場所と掲ぐべからざる場所とは必ず都市の指定する所に依るべしと爲せり又グラスゴー市を首として多數の都市には市街鐵道に用ゆる車輛の內外には一切廣告を掲ぐることを禁せり。倫敦にては賃貸價格ある財產と等しく廣告に對しても之に課税を爲すの制を採り又佛國多數の都市に於ては公費の『廣告場』を使用する者より使用料を徵收し以て都市の歲入と爲せり。就中伯林に於ては每年一定の納付金を徵して『廣告塔』設立の權を私人に賦與し其認可條件の一として塔頭に最近の警察署、郵便電信局、臨時救濟事務局、火防報知器の所在を示すべきことを以てせるは頗る斬新の意匠たるを觀る。

巴里の廣告場と伯林の廣告塔

之を要するに近世都市の道路行政は從來單純なりし交通行政の關係よ

り一變して實利的事業の利用制度を加味し世の進步と共に再變して更に美術的作用を加ふるに至り道路行政と娛樂行政及風化行政とは互に相連絡するものあるに至れり。

第二欵　港灣行政

英國の特徵たる公私協同主義の港灣經營

地方商業の發達は海港の改良を促がすこと最急なり。而して此事業に關して最力を竭せるものは英國の都市にして獨國の都市は之に亞げり。英國に於ける最舊の港灣事業は千六百六十二年グラスゴー市の經營に係れり千七百八年メルセー船渠はリバプール市に依りて築港せられたり。近代に至りて最重要なる築港工事は『公私協同主義の組織』に依りて新に計畫せられしを見る。之を英國港灣制度の特徵と爲す。此協同體は都市の代表者及利害關係者の選擧したる委員を以て之を組織す。マンチエスターの大運河は人工の一大長港を設けてリバプールより來る貨物の大部分を直接に各製造所に運搬するの計畫に出づ。サウザンプトンは其港灣改良を以てリバブ

獨國の特徴たる都市自營主義の港灣經營

ハンブルヒの自由港制度

佛國の特徴たる政府直轄主義の港灣經營

ールの航客を奪はんとしスワンゼー港の改良工事は同地方に於ける金屬の輸出に適せしめんことを主とし開港場中既に第三位を占むるに至れり獨國都市に於ける港灣制度の特徴は英國の如き雜駁なる公私協同の組織に依るにあらずして專ら純然たる『都市自營主義の經營』を貴ぶに在りハンブルヒの一埠頭は海陸の連鎖にして公立の倉庫を有し世界中最良の港灣と稱せられ其經費は我一億六千萬圓の巨額に上れり且ハンブルヒは千八百八十八年以來所謂『自由港制度』を創設し其港區内の貨物は之を關稅管轄の外に置けり爾來ハンブルヒの商勢は一變して賃銀不廉の地方なるに加へ尙併せて工業の中心點たるを得るに至れりブレメン及ダンチッヒの築港も同じく市に依りて築造せられコローンメンツ亦然り佛國に於ける築港事業の特徴は國道の一部として『政府直轄主義の經營』に屬し自治行政に屬せざるを以て原則と爲すに在り其自治經營に屬せる埠頭事業は里昂、リール及ルーベーの如き稍河流の上部に位する二三の都市に於て之を視るのみ米國に於ける築港事業は船渠と埠頭事業とを劃然として區別し前者

米國の特徴たる公私併用主義の港灣經營

は中央政府に依りて全國海港市の爲めに經營せられ後者は二三都市の管理に屬するもの丶外多くは私的事業に委せらるゝを常とす。即ち米國の築港事業は『公私併用主義の經營』なり。紐育の如きは都市自ら船渠を有する著名の事例を示し之が爲めに我數千萬圓を費せり。

我邦の港灣は以上述べたる各種の主義を混用せるに似たり。横濱、神戸、小樽、函館の如き皆政府直轄の主義を採れり。只横濱、神戸二市は其經費の一部を分擔す。其管理に就ては政府は一の諮詢機關を設け市の公民をして之に參與せしむることゝなせり。大阪、長崎、高松の如きは都市自營の主義を取り政府の補助を受く獨り高松に至りては純然たる市獨立の負擔に依て之を經營せり。自由港の制は我大阪の築港に就て數々唱導せられたるも未だ之を實施するに至らず。

第三款　巡航行政

港灣行政に次で公私經營二途の關係あるもの之を巡航事業と爲す。即ち

地方巡航事業の特許公營兩制

市邑自から船舶を設け公衆航路の便を開く者是れ純然たる公營主義の一例なり。然れども其收益上の關係に於ては固より私人の營利事業たるを得べき性質を有す。故に多數の國に於ては都邑が個人又は會社に對して巡航事業の特許を爲すを常とすと雖も公營主義を採るものも亦少からず。紐育に於ては特許料として一年三十五萬弗の納付を受く。是れ都市巡航事業の特許制度中最顯著なるものに屬す英國に於ては都市公營主義の巡航事業最觀るべきものあり。即ちビユルケンヘッドよりリバプールに通ずる巡航事業にしてビユ市の經營する所に係り、八艘の汽船を有し一年の收入は五萬磅に及べり。倫敦府會はウルウイッチに於てテームス河横斷の巡航事業を經營することを決し無料を以て一年四萬人の通航者に利便を與へつゝあり露西亞に於けるリーガー市も亦公營主義の巡航事業を經營し一年五萬弗を收めつゝあり。

第六節　勸業行政

第一款　農業助長行政

列國の最も苦心せる農業保護制度

近年泰西諸國の趨勢を見るに都市の發達に伴ふて農村の衰退を來さんとするの徵あり。是を以て歐洲諸國に於ては『農村復興問題』を見るに至る。農村復興問題の第一は如何にして農村に於ける自治を健全ならしむべきかの點に在り。第二は如何にして農村を活用し之れを發達せしむべきかの點に在り。此二つの目的は殆んど同一の政策に依りて遂行せらるべきものにして之が爲めに泰西諸國の最苦心せる問題は農業保護の制度是なり。

第一項　副業奬勵

農業其ものを發達せしむるの方策は素より各種の方面に亘りて勸業行政の存するあり。耕地の整理、水利の開發、肥料の改良、種子の選擇、副業の奬勵の如き是等は皆各地自治團體の務むる所なり。就中副業の奬勵に至ては農家本業の利益甚だ多からざる歐洲の諸地方に於ては殊に其盛なるを見る。即ち勞働者の爲めに汽車を特發するが如き又鷄卵輸送の爲に特發汽車の

丁抹の鷄卵と共同輸出

ウユルテンベルヒ王國の副業奬勵策

設をなすの地方あるは以て養鷄事業が如何に盛大なるやの一斑を知るに足るべし。特に丁抹の地方團體に於ては各種の產業組合を奬勵し鷄卵の種類品質を檢査し且共同荷造の方法に依りて之を倫敦市場に賣出し竟に鷄卵を以て之が輸出國產の主要品たらしむるに至る。其功績莫大なりといふべし。近ごろ失業者の救濟制度を硏究せるベルセー、アルデンは副業の奬勵を以て失業者の活路に充てんことを論じ最も詳細を極めたり。其說く所に據るに『瑞西の農村に於ける冬期の副業は木材の彫刻其多きを占め之に依て一年間には無慮一千萬圓を收むることを得たり。又莫斯科の各州に於て行はるゝ副業は已に四十三種の多きに亘り其一年の收益五千萬圓に達す』と云ふ。夫の人口過剩の結果一時農村の衰頽を招きたるウユルデンベルヒの小王國が今日の盛大を見るに至りたるは亦實に當時の商務局總裁スタインバイスの熱心なる盡力に依りて副業奬勵の端を啓きたるに基けり。彼は千八百五十一年倫敦に開ける大博覽會に於て細かに他國の工藝品を視察し之に由て王國農村の繁榮策を講じたり。爾來同地方の人民が其農業の餘暇に作れる毛氈「フランネル」「リンネル」指物細工、玩具、家具、帽子の類は續々英國に輸出せらるゝに至り。今や同王國の銀行總裁をして『同國に於ては一の貧民を見ること能はず』と言明するに至らしめたるもの畢竟此副業奬勵の結果に外ならず。

伊太利ロンバルジー地方の農民と「レース」編

「レース」編も亦歐洲農村の副業中有利なるものゝ一なり。伊太利ロンバルジー地方に於ける山間の僻村にセン、クロアーと稱する地あり。農民部落に一たび「レース」編の行はるゝに至りたるは同地方の特産たる樂器の製造に從事したる技術家が夜間の業を村民に與へんが爲め其篤志に依りて之を播めたるより起れり。同村を訪へる農政家の記行を讀むに此好望なる夜間の事業は獨り婦人に依て行はるゝのみならず男子も亦其妻子姉妹と共に樂しき談笑の裡に之をなしつゝあるを見る。聞く同村にはジオルジ、ステフエンソンといへる工學者あり。其妻女が夜業の縫針を用ゐつゝあるを熟視し大に自得する所あり竟に自から裁縫家となり剰へ近隣の男女を集め己れ自から師匠と爲りて之れが講習を開くまでに至りし事例を掲げり。斯くしてセンタクロアーの農夫が殆んど普く夜間の「レース」編業を營むに至りたるは敢て怪しむに足らず。

花園、果樹園と婦人の副業

農家の副業たる花園、果樹園の如きも歐洲の農村に於て亦最力を用ゆる所なり『花園農村』を主張せるゼンチットの如きは本來花園を中心として農民生活の一團體を造くるに熱心なる者なり。隨て世人よりも亦一層深き趣味を以て生花植物の栽培を奬勵せり。彼は『多くの淑女が「予は花なくしては一日を送るべからず」と言へる諺を引て先づ花の需要が近年に至り市街地に於て甚しく增せることを說き次で田園に幽香を放てる麗はしき花は皆是れ自然を教ゆる天の賜ならざるはなし。之に依て兒童は嬉々洋々として其間を逍遙せる裡にも能く實物の指教を得べく婦人は之に依て清新なる植物に接觸して爽かなる心神を養ふを得べし』と爲せり。近ごろ英國女子學院の管理者ブランメレ孃は熱心に園藝を女生に授くることを努めつゝあり。嘗て自から言へり『都市生活を逐ふて都會に聚合する多數の女子が競ふて會社の事務員と爲り專ら蓄財の道に奔走すと雖も彼等の間には豫期の如くによく成功せるものとては千人中一二人に過ぎざるべし。多數は市中に彷徨して遂に健全なる生業を獲ること能はざるに至るを恐る。然るに若し此等の婦人をして一たび園藝の趣味を有せしめ各其鄕里の農村に還りて此最健康なる業務に就かしむるを得ば農事復興の助となること甚だ大なり。然るに多數の婦人が皆此道を採らざるは甚だ遺憾なり』と。近來女子園藝の唱道せらるゝは蓋し最も多く歐洲各國に見る所なり。

失業者の授産と植林事業

第二項　植林經營

近年に至り農村副業の問題として識者の重きを置く所は殖林事業是なり。千九百二年英國の森林局は殖林事業が經驗の有無を問はず生業を失業者に與ふる最良の方法なることを明言せり。其委員の一人たる博士シユリツパは全英國に於ける荒蕪地の全面積二千六百萬「エーカー」をば皆植樹の法を講じ得べき者となしたり。佛國に於ける某地方の如きも全國中の最甚しく荒蕪したるの地たりしに今や其殖林事業に依りて四億萬圓の富を得るに至りたりと揚言せり。獨國に於ても森林の勞働に從事する者凡そ四十萬人以上に上ぼるの一事を以てするも同國森林事業の盛大なる其一斑を知るに足らん。

三種の植林制度

農村殖林の制に三あり。一は管理の統一を期するが爲め自治體の森林をば政府の森林官に依りて經營するもの即ち『施業官行の制度』是なり。二は自治體自ら其森林を管理するも其技術に關しては政府の特に設けたる森林官の監督を受くるもの即ち『特別監督の制度』是なり。三は自治體の有する森林に對して一般公有財產に對すると同一の監督を行ひ特別の監督方法を設けざるもの即ち『一般監督の制度』と稱するもの是なり。蓋し獨國に於ける自治森林の發達せるは第一種第二種の施業方法を利用したるに由れり。其第一方法に據れる最も著しきものはヘッセン、バーデンの二公國とし第二種の方法を多く實行したるはウユルテンブルヒ及バイエルンの二國なりとす。

獨逸の村邑と公有林の愛護

以上第一種と第二種とを問はず獨國の村邑は多く所有の森林を重んじ之に依りて團體の結合力と愛鄕心の觀念とを養ひつゝあり。此事に熱心なるコールベル博士等は最重きを村邑森林の保護に置き之を住民に分配せずして以て共同の利益を計らしむべきことに就き數ゝ之を論ずる所ありき。バデン國に於けるフキリップベルヒと名くる農村に於ては約千二百「エーカー」の森林を有し其收入の豐かなるが爲め一切の公費は之を以て支辨して尚餘りあり。之に反して一たび公有地を住民に分配したるの地には奸商の徒之を聞きて四方より聚り來り無智の小農を欺きて之を買收し農村も亦自然に衰頽して人口著しく減少せり。

佛國の村邑も亦嘗て土地森林を有すると多かりしも千八百十三年一たび那破崙帝が政略の爲めに是等の財產を政府に收めしめ其代償として五分利の國債を與へたるより一時其舊態を一變せり。然るに其後賣却殘餘の土地を以て再び之を村邑に返付し斯くして一部は其舊狀に復するを得たりしも佛國市邑が現在所有する所の土地は尚ほ他に比し甚だしく少きを免れず。政府は因て其分配を防がんが爲め不動產の處分は嚴重に之が認可を受けしめ又事實に於て之を承認せざるを例と爲す。而かも全國面積の十一分の一に當れる公有地は尙ほ荒蕪不毛に屬す。政府は因て其開墾植付を奬勵するの目的に出で爲めに大計畫を立て村邑にして若し之を實行せざれば政府自ら之に當らんとするの勢を示せり。

佛國の村邑と荒蕪地の開拓

獨佛二國が此の如く其植林の經營を努めしに反し英國は一時其森林を忽諸に付したる結果近來却て國外の村木を輸入すること二億萬圓以上の多きに達せり。此事實の一たび看破せらるゝや英國は鋭意殖林自營の方法を講じ多數の無職業者を之に活用せんことを期せり。是れ適ゝ以て殖林事業の趨勢を窺ふに足るものあり。リーズ市の如き率先して上水の引入口に沿ひ之が植樹の經營を爲しリバプール市も亦其下水道を利用して已に四百七十「エーカー」の地に十六萬本の植樹を行ひ何れも失業者を使用して之を植樹せしめたり。植樹事業を以て失業者の救濟に利用するは都市に於て之を講究するの價値あり。

英國と植林自營論の再興

現今我邦に於ける國有山林原野の未立木地は十二萬町歩を存し公有原野にして植林の見込あるもの百萬町歩、部落有山林原野にして植林の見込

我邦公有林の將來

農民と低利資金の供給

ある者九十五萬町歩に上れり。將來尚植林經營の普及を要すべきは此統計を見ても明かなり。近來府縣が模範林を設くる者甚だ多く町村の植林も亦年を逐ふて增加の勢あり。岐阜縣、宮城縣が五十萬圓の繼續費を以て模範林を新設し宮城縣生出村が千九百町歩の植林基本財產を有するは其著しき範例なり。廣島縣山縣郡箇賀村は千二百町歩の森林を有し其收益積んで四萬圓に達し村費の大半は此利子を以てするあり。將來我農村自治の財政を涵養せんが爲め植林の奬勵は固より其良法の主たるものなり。殊に全國を通じて三百萬町歩に餘れる我公有林は其多くの部分たる所謂部落有に屬する土地にして速に適當の施業を要すべきものなり。之が爲めに政府は部落有財產の統一利用を奬勵し其普及を促して已まざるなり。

第三項　共同組合

農業改良の問題に伴ふて起る助成制度の中最必要なる者は『低利資金の融通方法』是なり。泰西の都市に於ては自ら貯蓄銀行を營み之に由て融通を圖れる者多しと雖も郡村に至りては多く『共同組合』の制に依れり。即ち地方自治の制度は此點に於て自營主義に非ずして奬勵主義なり。

伊太利が比較的貧國の名あるに拘らず近年に至りて其光景頓に一變したるは此共同組合の組織に依り低利の資金を運用して農業を再興したるに依れり。是に於てか地方民の貯蓄せる資本は今や中央政府の用に供せらるゝよりも寧ろ再び散じて地方農民に利用せらるゝに至れり。共同組合は先づ其資金の利用方法を指導せんが爲め各地相促がして農業講話を行ひ又は巡回講習の制を採り進んで農業教育を受けんとする者に學資を貸與するが如き百方力を盡して農事の開發に努めたり。即ち伊太利の共同組合は貯蓄組合と地方農會との二個の作用を併有せり。

貯蓄を活用せる伊國の共同組合

近來白耳義に於ても伊太利に於けるが如く切りに農村發達の策を講じ共同組合の方法に依りて肥料種子の改良、農産物の購買に便利を與へんことを計れり。就中他に多く類例を見ざるは地方の寺院が之に對して盡力せるの一事なり。熱心なる牧師は其寺院に試作地を設くるあり改良種子を農民に分配するあり其最篤志なる者に至りては地方に於ける排水機の破損

宗教と共力せる白耳義の共同組合

第二流國に啓發されたる佛國の農業組合

ありしに際し牧師の出でゝ之が修繕に助力するあり爲めに一層地方人民の信用を博するに至りしと云ふ。

伊太利、白耳義の農村の復興は痛く佛國の人心を動かせり。殊に社會改良協會の創立者たるシャムブラン伯は力を極めて農業組合を奬勵し農夫の地位を進むるに無二の良策なりとし其成績顯著なるものに賞金及賞牌を與へたり。抑佛國の農業組合は其由て來る所舊し就中組合に於て農事の改良を計るの外に尚進んで相互救濟の事業を營み孤兒救濟、醫藥給與、養老金庫の事を行ひ來れるは一の特色とすべき所なり。此の如く農業組合を以て一種の救貧、防貧組合の働きを爲すこそ其天職なりと唱へたるはエミール、デュホルを以て其嚆矢となすべし。尋で千八百九十九年新法實施せられ農業組合の自由活働を許るし預金に對しては四分五厘の利子を付し又聯合組合の組織をも許したり。是に於てシャムブラン伯は伊太利の例を襲ふて全國の農業大聯合を組織せり。且聯合の制許されてより養老金庫、生命保險に依る共濟事業容易となり國立養老金庫及保險金庫を利用することを得るに至れり。識者は疾病及老衰の救濟は組合の義務なりとし此問題を解決するは國家の干渉を俟たんよりは農夫の協同力に頼るに若かずと信せり。

高利貸を排斥せる匈牙利の共同組合

匈牙利に於ても共同組合の組織成りてより以來高利の貸借を擅にせし猶太人は遂に此國を去るの已むを得ざるに至れり。共同組合の主唱者たる子爵アレキサンダー、カロリーが組合組織以前の情況を叙する所を見るに露國より相踵で侵入せる猶太人は農民の出入する酒樓に就き機を見て巧みに彼等を誘ひ之に資金を貸付け後日其利の嵩むに至り急迫して之を强求するを常とす。甚しきは農民が田野に使役しつゝある牛馬をも剩まさず之れを沒收したるの事實あり。農民も漸く之を自覺し始めて地方銀行を設くるに至りしも狡猾なる商人は倘巧みに地方銀行を飜弄し一時に多額の金を預入れ不意に其引出しを迫るなど前後姦計を用ゐて破產の悲境に陷らしめたるすら之れあり。其の狀見るに忍びざるを致せり。是に於てか政府は之が防禦策として是等の地方銀行を保護せんが爲め深く考案を盡す所ありき。近年匈國に於ては更に共同組合を利用し倂せて之を農民俱樂部となすに至れり。此くして貯蓄機關は又更に共同娯樂の場と爲れり。此倶樂部に於ては圖書室、音樂室の設あり。各種の有益なる娯樂を供して漸次に農民が酒樓に出入するの弊風を一洗せんことを期せり。

家屋建築を目的とする米國の共同組合

米國農村の共同組合は併せて家屋建築の事業をも營むを例とす。即ち農民の蓄積せる資本を以て完全なる改良農家を供し永住の基を立てしめんと計れり。是れ貯蓄事業と共に家屋問題を解決せる者といふべし。

英國に於ける小農の信用組合

各國の趨勢此の如し。然るに英國に於ては工業都市の同業組合夙に著るしき發達を見しも農村の共同組合は觀るべきもの甚だ少し。是を以て近頃英國の農業改良論者は切りに信用組合の事に着眼し小農を救濟するの策之を措て他に求むべからずと爲せり。夫のライファイゼンの創意に係れる信用組合をば獨國より輸入し農民の信用を基として低利貸付の事業を普及せんことを唱導する者漸次多きを加へり。ゼンネットは其近著『田園都市』に於て亦之を論せり。今其一節を讀むに農民の爲めに著者が無限の同情を寄するを見て轉た感慨に堪へざる者あり。彼れは普國の一農村なるフラメ

獨國に於ける小農信用組合の美事

ルスフエルドに於てライフアイゼンが創立したる貯蓄組合の光景を寫すに當り『農民の信用は彼に取りては無量の富源なり。之を基として建てたる組合の堅固なるは全く岩上に立てる家屋の如く其柱礎牢乎として拔くべからず』と謂へり。彼は之を説明するに當り。殊に力を用ゐて獨國信用組合の長所に就き述べて曰く『獨國に於ける此種の信用組合や四十年間の經驗に依るに其間嘗て一農民の不信用に依り一錢だも損失を蒙りたることなし。而かも貯蓄の結果に依り家屋は益修繕を加へて攝生に適し心身を悦ばしめ耕地は益ゝ開かれ器械は新工夫のものを用ゐ肥料は最近の科學に依りて改良せられたるを擇み高利貸の如きは全く其影を失ふに至れり。此の如く有效なる信用組合が對岸諸國の中に勃興せるの今日獨り英人が未だ充分に之が利益を會得すること能はざるは甚だ遺憾に勝えず』と。彼は英國職工社會の間に行はるゝ親誼組合が已に五億萬圓の資金を有するの事實を擧げ農民社會が速に之に傚ふて共同組合を組織すべきことを勸めり。『一日僅に一本の針を貯ふれば一年には優に山羊を購ふことを得べし』といへる諺

セルビヤ果物輸出の成功と英人の警戒

は彼れが特に之を掲げ小を積んで大と爲すの道を説明したる所なり終りに最近の統計に依り愛蘭が千九百三年に至るまでに辛うじて二百一個の信用組合を組織し八千人の會員を有するに至れるの事實を掲げて少しく自から慰藉する所あるに似たり。

英國農業組織の改良を以て任せるエドウィン、プラットの『農業一新論』を讀むに彼は第三流國たるセルビヤの果物輸出事業に就て其成功を稱揚し痛く英人を警しむる所あり。彼の説く所に依ればセルビヤより輸出せる乾燥果物が已に百二十萬圓に上れるは多く共同組合の組織と政府及農會の指導に負ふ所多し。政府より任命せられ俸給は地方團體より仕拂を受くる所の農業巡回の敎師あり絶へず各地を巡りて到る處栽培の方法を敎へたり。尚近年に至りて産業組合の組織を應用し已に三百六十有餘の組合を造くり他の模範たるべき農夫を以て其組合員となし相互の貯蓄に依て低利資金の供給に務めり。而して其組合組織は一にライフアイゼン式を標本となせり。

念ふに獨國に於けるライファイゼン式の農業信用組合は相互の信用に依りて成立し相互の利益を保護するを主眼とす。是を以て一たび之が組織を見るや其地の訴訟事件も爲めに減じて地方の貧民院が忽まち閉鎖せられたるの事實はウエスフアレンの原野に於て數〻見る所なりき。此一事は深く隣國墺太利の議會を動かし議會は直に同國農民に向つて亦之が奬勵策を一決するに至りぬ。英國農民の爲め熱心信用組合の必要を唱導して已まざるウルフは嘗て親しく獨國ライン地方なるムルハイムと稱する一農村に到りて委さに視察する所ありたり。同村は嘗て猶太人の跋扈する所と爲り農民は借金の爲めに苦しみ田地は荒廢に歸し竟に見影もなき寒村と成果てたるに一たび共同組合の成立せし以來は肥料の改良も行はれ排水の方法も具はり花園は清楚に田野は豐饒に英國の農民が決して購求することを得ずと斷定したる蒸汽の打禾機械すら已に組合資金の利用に依て購求せらるゝを見るやウルフは深く之に感動する所あり。彼れ歸來書を著はして世人に示すに當り銀行專門家の所説を援用してライファイゼン式

共同組合に依るライン州ムルハイムの農村一變

ライファイゼン式共同組合の特質

共同組合の長所を說明せり。曰く『其組織は簡略を尙とび貸付は低利なり。利益の配當を爲さず其區劃を一村落に限り積立金の使用を嚴禁す。敎會と牧師とは好く外部より組合を補助し組合員各自は責任の觀念を喚起し献身的精神を振ひ皆賴る所なき農民を濟はんとする博愛の心を有せざるはなし』と。此の如きは亦最簡明に獨國信用組合の粹を指摘して之を世に紹介せるものと謂はざるべからず、

露國も亦近來先進國の後を逐ふて農事の改良に熱中し殊に小農をして改良農具、改良種子、改良肥料を得せしめん爲め多く共同組合を結ばしめ地方議會は之が標本と爲るべき材料を購ひ之を組合に貸付け又切りに參考となるべき外國書を飜譯して之を配付することに努めたり。此の如く地方廳は農事の改良方法を講ずることに汲々たりと雖ども露國農民の最も憂ふべき弊風は彼等が本來怠惰にして迷信の風甚しきの事實にあり。露國の農村に於ては祭日の數多きこと固より世界一と稱せられ其數は全く日曜日の數と相同じ。更に加ふるに地方特種の休日を以てせば一年中農民の勞

露國と農民の惰風

働日數は二百五十日にも達せず。之を舊敎國に於ける農夫の勞働日數が三百日なるの例に比すれば已に五十日を減じ新敎國に於ける農夫の勞働日數三百十日なるの例に比すれば六十日を減ぜり。休日の此の如くに多きは農民の身心を墮落せしめ飮酒遊蕩に導くの基にして現に休日の午前の如きは敎會に在て之を費すと雖ども午後は多く酒樓に出入するを常とす。寺院なき村落はあれども酒樓を有せざる村落あるを見ず。氣候と性質との關係よりして快活なる運動を好ざる露國の惰農は農民の休日たる精進日に次で更に休暇日あるは其最喜ぶ所にして現に『休日』なる言葉は露國固有の原語に依れば正さに『怠惰の日』といふ意義を有するなり。佛人ボーリユーの說に依れば露國農民の迷信甚だ熾にして多くの日子を祭禮と順禮とに費やしパレスタインの靈地に赴きて其神土に接吻するを無上の名譽と信せり。此等の順禮は尙多少の見聞を廣くすべきの機會を得べしと雖も其他は單に無智の牧師に隨喜するのみ懺悔式、結婚式には殊に多くの財物を吸收せられて厭はず。牧師も亦祭事に乘じて農村各戶を徘徊し酒食の饗を享け酔歩蹣跚、醜態を演じて歸るもの多し。甚しきは農民の捧ぐる財物の甚少きを理由とし寺院に携へ來れる産兒の命名式を拒めるものすら之れありと云ふ。凡そ露國に於ける地方民訓育の不完全なると甚しきに加へ農民の怠惰にして迷信の風易はらざる此の如し。露國政府が是等の農民を開發するの苦心亦察すべき者あり、農民の風此の如くなるが上に農村生活は其程度の低きこと亦豫想の外に在り。アレキサンダー、ウラルが近く世に公にせる『露國内情の觀察』といふ一卷に於て詳しく叙する所に依れば露國農村の道路や春秋雨期に在ては雨水瀦溜して池の如く夏季には砂塵天を蓋ふて晝尚暗く多くの農民は地上に眠り僅に藁の椅子を以て老人の安居に充てり。黒麵包は露國農民の常食にして『其量の重きこそ却て長く腹を保つに適せめ』との俚諺もあり。農民の狀況此の如くなるが上に數次の飢饉に遭つて農民の困難は更らに其甚しきを加へり。當時の大藏大臣たりしウヰッテは夙に觀る所あり之が救濟の一策として農業銀行の設立を促し又之を實施せり。然るに其供給せる資本の潤澤ならざるは一億萬人に上れる農民に對して

共同組合と自治改良

其資金の全額僅に百二十萬圓に止り農民一人に割當つるときは半片に足らざるを見ても明かなり。知るべし露國農民救濟の業も單に國家の資金に賴るのみに止らず又主として各自の工夫に成れる共同組合に須つもの甚だ大なることを。

以上述ぶる所に依れば共同組合の事たる自治農村に於ける直接自營の制度に非ずと雖も自治の行政と是等の經營とは互に相賴り相扶けて以て農業を助成するの方針に出づべきものたるを見るべし。健全なる產業組合の設立は我邦の現狀に於て農村改良、農民開發の爲めには最も緊要なる事業なり。唯茲に最希ふべきは組合の內容と實質とを整ふるが爲め其力を用ゆるに在り。現今產業組合の數已に四千有餘に上り一日に一の組合を增すの勢あり。其資金も已に二千五百萬圓を算す。然れども組合の實力は其組織の形式にあらずして之を組織する各員の道義にあり。而して之が指導の任務を有する農村有力家の盡力貢獻は組合の消長に關係を有すること淺からず。吾人は是等有力家に向て亦厚く之を望まざるを得ず。而かも小農及小作の人には苟くも富者に信賴し濫りに大地主に要求するの弊なく自助自營の精神をも起して彼等共同の力に依りて自家の運命を開拓するの氣力なかるべからず。

第四項　農村興新

夫れ普通農事の改良を主とし之に加へて更に副業の奬勵、植林の經營等に努むるは皆是農村經濟の發達を促すの基たらざるなし。而して此等の經營は主として農民協同一致の力に賴らざるを得ず。共同組合等は即ち此必要より起れり。夫の勤勉貯蓄の奬勵、低利資金の供給、肥料種子の共同購入、收穫物の一手販賣の如き亦皆共同組合の力に賴らざるはなし。然れども共同組合を活用するの巧拙は先づ農民其もの丶能力及性格の如何に由らざるを得ず。斯くして農業問題は農民の人的問題となり識者は更に一歩を進めて總括的に農村其もの丶風紀改良を企つるに至れり。即はち農業の進歩を見んと欲せば先づ農村其もの丶進歩を促さゞるを得ず。農村全體に亘りて其根本を一新するに非らざれば農事其ものは竟に完全の發達を爲すこと

農業の進歩と農村其ものの進歩

能はざるや明けし。『農業助長論』と共に『農村興新論』は是に於てか發生せり。吾人は斯業に最熱心なるゼン子ットが推稱せし田園都市と英國農村組織の標本と呼ばれたるヨルクシャアの一村ブランズベーの光景より其二三を摘みて概要を述べん。

農村の活動と農民の地位

農業の發達は先づ農村の活動より起らざるを得ず。英國の識者は農村の活動を如何にすべきやとの問題を究めて先づ農民各自の地位を進めんことを企てたり。農民の地位を進むるは之をして十分の責任と勤勞とを以て其事業の上に活動せしめんことを欲すればなり。小農の地位を進めんが爲め英國の識者は研究を盡せること年あり。彼等は小作人をして荒蕪地、未開地を開墾せしめ之を土着の農民と爲さんことを計れり。『小農分貸制度』是なり田園都市の率先者たるハワードは倫敦に近き一地方をトし土地を區劃して『圓形農村』を作り花園を中心とし之に沿ふて學校、閲覧室、音樂堂等を置き中央部には農家の集合主義を取り周圍に分貸地を設けり。之に反して同じく田園都市計畫の熱心家なるバッキングハムの考案は『方形農村』を作り

土着農民と愛郷心

農民の健康と活力

て農家の分置主義を採り住居の近傍に分貸地を置くの法に依れり。プランズベー農村にては其地主の計畫に依り先づ小作人の爲め健康に適せる良家屋を造くれり。且有婦の農民にして長く耕作に從事する者に限り之れに永住せしめしため漸くにして俗に所謂『浮浪農夫』の弊を免れ之を變じて常住農民となすことを得たり。何れにせよ農民にして一たび土着の念を生ずるときは愛郷の心自から湧起すべく其愛郷心に依り茲に健全なる團結的生活を遂ぐることを得べし。土着農民の增加は農村發達の基なり。

農村の活動は其本や農民の活力に在り農民の活力は先づ健康問題に歸着すべし。夫れ農村の空氣や清新にして綠樹清草に富めり、夫の都市人口の密聚に伴へる諸弊の侵す所と爲らざるもの是れ實に農村生活の健全なる一大原因たり。リチャードソン嘗て謂へるあり。『國民の富と力とは多く個人の家庭より來り家庭の活氣は個人の健康に依て生ず』と。此の活氣と健康とや都市に在りては之を見ること甚だ難きも農村に在りては之を得ること甚だ易し。模範農村を唱道する識者も亦郡村生活が都市生活に比して著るしく健康なる一事を以て農民幸福の基となせるもの眞に所以あるなり。然るに近年農民の生活狀態が往々にして甚だしく低下し其健康を害する者なきにあらず。是を以て夫のブランズベーの農村に於ては先づ地主の篤志寄附に依り村會は始めて『公立浴場』を造くれり。而かも其創立を以て前女皇陛下八十年の生誕祭を紀念したるは亦珍らしき美擧と謂ふべし。

農民の情誼と自助の必要

次に農村に最喜ぶべき現象は其相互の情誼が甚だ厚きこと是なり。彼等農村の間に於ける隣佑相扶くるの情誼は固より都人士の比に非らず。患難相救ひ吉凶相弔ふの風最厚く其風亦愛すべきものあり。此の美風は固より長へに之を養はざるべからず。されど農村憐恤の情に過ぐるや動もすれば依賴の念を生じ易し、『農民生氣なし』との語は往々都人士の間に唱導せらるるも亦之が爲のみ。夫の『花園農村』設立者の憂ふる所實に玆に在り。故に彼等は慈善の本義を以て『各自の自助力を助くるに在り』と宣言し各人の自營心を鼓舞して百方惰民助成の弊を絕たんことを望めり。即ち農村に於て各種の副業を勸むるは一に細民をして他人に信賴することなく自己の勤勞に

家庭訪問制度と婦人會保育場、建築組合

依て自營の道を得せしめんとするより起れり。其他農民を訓育し指導せんが爲め地方農會並に共同組合は百方之に盡力せざるべからず。米國の學校監督官たるプレストン、サーチは學校と農業とを連絡せしめんとするに最も熱心なる主唱家なり。彼は其著書『理想的學校』の中に於て地方の各學校は普く農園を設け宜しく之をして『少年農學校』たらしむべきことを切言せり。又農事の品評會又は講習會は獨り男子に止らず普く利益を婦人に及ぼすを必要とし就中園藝、養蠶の術は上流の婦人にも亦最適當の業務なることを唱へり。此の如く全村を通じて生業の方法發見せられ勤勞の道新に開くるときは農民の生氣は自から其中に生ずるに至るべし。

識者は更に一歩を進め農村に向て夫の獨國のエルベルフェルド市に行はれたる『家庭訪問制度』を適用せんことを唱ふあり。是れ委員を設けて時々各戸を訪問し家政の整理、副業の紹介、貯蓄の必要に就き懇ろに之が指示を加へんとするに外ならず。尚ほ家庭を齊へ家政の訓育を授けんが爲めに『婦人會』『處女會』又は『母の會』あり。各自共同の貯蓄に依て其家屋を改良せんが

休暇學校、自由講話會簡易圖書館、青年會、兒童集會場、

爲め『建築組合』あり。又『晝間保育場』を設け保護者に代りて其幼兒の監護を引受け以て婦人の勞働に便宜を與へ又其保育を計らんことを望めり。殊に一般青年は之を養成して自營の良民と爲さゞるべからず。是に於て農村に於ける普通敎育、實業敎育の機關に加へ更に『休暇學校』『自由講話會』『簡易圖書館』を設け尙進んで『青年會』『兒童集會場』を置き學事の餘暇を利用して有益なる訓育講習を施し又は健全なる運動遊戯を得せしむるを必要とす。而して青年と大人とを通じ精神上の訓育を施して其品性を養ふは學校と相待ち宗敎の力に賴ること亦甚だ大なるものあり。夫れ勤勞が人生の幸福に最貴ぶべきの德たることを知らしめ各自が執れる日常の職業に最善の力を盡すことは其中に無量の趣味あることを覺らしむるを要す。又學校を以て社會を訓育するの中心となし學生のために學園、學林を活用し兒童を通じて家庭の產業を改良することは亦敢て至難の事にあらず。更に產業組合に道德と敎育の要素を加へて其安固と進步とを計り講習會、講話會等の經營に依り子弟を敎へ父兄を導き經濟、風紀の各方面に亘りて之が改良を促さゞる

我邦に獨特なる尙齒會

農村改良と諸種の機關職業の提携連絡

健全有益なる娯樂

べからず。殊に我邦に於て泰西諸國に多く見ること能はざる者一あり『尙齒會』『敬老會』又は『耆老會』と稱する者是なり。地方に依りては七十又は八十以上の老人を招きて之を優遇し會同を利用して其愛孫たる兒童の學藝を之に示し又は青年處女の催に依り彼等の勞力工夫に依て之を饗應し其間に老人の實驗談を聽きて後學の爲にす。此くして一般少壯者の間に長老を敬し鄕黨、齒を尙ぶの美風を興さんことを期するもの多し。要するに自治團體に於ける總ての機關總ての階級は互に相提携し產業、敎育、宗敎、家庭の各方面に亘りて各種の人物、各種の職業が同じく地方の繁榮發達の爲に互に相連絡一致し其力を盡すことは都會農村の別なく缺くべからざるの要件たり。終りに一言せんとするは娯樂事業の事是なり。夫れ健全にして有益なる娯樂は人の心身を爽快にし淸新なる訓育を與へ人をして更に活氣を帶び再び勤勞の道に入らしむるの方便なり。模範農村の主唱者は此一事を以て終年單調の業を守れる農家に取りては最必要なる事柄なりとし夙に之が勸獎に力を用ゐたり。夫れ多くの農村に於て其田園森林の風光甚だ明媚に其間に清き溪流の遶れる狀何れも天然の娛樂ならざるはなし。田野の生活は人の心を優にし又人の氣を爽にす。殊に克己の德は共同生活に最必要なる性格にして國體の幸福は人々相互の推讓に依て之を全うすることを得べし農村の生活や穩健にして淳朴なるが上に尙此の克己推讓の風に富める點に於て已に其長所を有す。若し之に加ふるに其相互の親誼を厚うするが爲め『農民俱樂部』の設あらんか。積日の勞も亦玆に慰安の途を求め得べし。二三の國に於ては此農民俱樂部を以て地方銀行、共同組合又は農會の附帶事業となし其定期集會の日に於て有益なる講話又は音樂の催を企て普く農民の家族をして其樂を分たしむ。之が爲め農民の間に於ける奢侈放逸の風を矯めたるの利益甚大なりしと云ふ。近年に至りて泰西の識者は飮酒、淫風、賭博の害を憂へて其救治策を講ずること久し。學者は之が爲め『閑時利導制度』なる新術語の下に勞後に於ける閑暇の時を移して之を有益なる娛樂事業に導くべき方法を研究せり。彼等が所謂有益なる娛樂事業とは書籍館、運動園、學校園、美術館、音樂會、游泳場等を指す。其手段數多ありと雖も要するに都

農民俱樂部の必要

貴賤共樂の機會と協同の精神

市農村を通じて健全なる消閑の具を士民に與ふるは國民の訓育に缺く可らざるの要道と認めり。之に加ふるに是等農村の娯樂事業に依り貴賤貧富互に相聚りて其樂を共にするは共同親睦の精神を養ふの利益あり。殊に之に依て農村に於ける地主と小作人との結合を圖らしむるは亦實に農村の發達に缺くべからざるの要件たり。農村生活の主唱者ゼンネットは眼を一般起業主と從業者との關係に轉じて言へり『今英國一國を以て其全國一年の勞働日數を二十九億日と計算し一日八時間の勤務と見做せば一年を通じて英人は實に二百三十二億時間の勤勞に就くを見る。今若し資本主と從業者との間に一たび和親を缺き爲めに紛擾を釀し缺勤の日時を生ずるも尚ほ一年二十億萬圓の損失を來たし一分間一萬三千圓の大損失を生ずべし』と。都市農村を通じて一般從業者の勤勞が一國の富に關係ある此の如く大にして又夫の『貧富相和して財寶生ずる』の理も自から之を明らかにすることを得べし。

此の如く農村興新の策は各人の一致と諸團體の協力に須つ所甚だ多き

を認むることを得べし。我一萬有餘の農村に就て之を見るに其成績の顯著なるものは主として此一致協力の結果より出でざるはなし。故に農村奬勵の一法は個人を賞せずして團體を賞するにあり。單に當局者を彰はすに止らず全村民を彰はすの必要あり。飜て之を將來の農村に就て考ふるに其保護と作興とは國家重要の問題にして經濟上及び風紀上一日も講究を忽にすべからざるの案件たり。近く政府は地方改良事業費の名を以て豫算通過の運びに至りたるを以て一面良村の表彰を行ひ一面自治の講習を行はんことを期せり。泰西諸國に於ては都市の膨脹、工業の新興に伴ふて今や再び重農主義者又は農村復興論者の多くは農村生活に依て都市及工業生活の缺點を救濟せんとするに急なり。其論旨に曰く『農村は天然に依りて圍繞せられたるの樂郷たり。都市は人爲に依りて膨脹したる聚合物たり。農村は人心清新にして民亦最和氣に富めり。春光野に滿つる頃千草の萠え出づる有樣、冬の初に薄雪が枯草の上を點綴して玲瓏宮を現せる光景は夫の『都市住居難』に腦める市民が夢想だもなすこと能はざるの樂園たり。人は固と聚合

都市農村の共助連絡

性を有し都市亦人の吸集力に富めるは自然の趨勢なるべきも地方の農民が前途の望なくして徒らに不健康なる都會の地に集合するは竟に國民生活の病根たらざるを得ず』と。是れ田園都市の計畫者が齊しく唱ふる所にして皆都市生活を排して農村生活の美を鼓吹するの意にあらざるはなし。然れども都市農村は各〻其獨特の分業を有し共に其活動に由て國家に貢献する所なかるべからず。二者兩全の策を取るべくして苟くも偏廢すべきにあらず。國家が都市農村をして各其分業を助長せしめ有無相通じて之れが共助連絡の法を講ぜしむるは固より今日の要務となす。而して都市農村を通じて共に長を取り短を補ひ各其特有の活氣と趣味とを發揮せしむるは多く自治の力に賴る。

第二款　商工助長行政

泰西の地方團體に於ける商工業助長の事業は多く市街地に於て之を見る而して商工業保護の方法は或は實業教育の事業となり港灣の設備とな

り道路の改良となり市場の擴張となり或は瓦斯、發電、街鐵等の特占事業となり或は展覽場、自由圖書館、自由講演に關する事業となり公立の質業、業務紹介所と爲り職工保護の問題となりぬ。就中都市獨占事業は多く都市の自營工業にして一面商工業の助長を其目的となすと共に又都市財政の上には最重要の關係ある收益事業なり。依て特に之に就て其趨勢を述べ次に商工業助長の目的を有する特種の自治行政に就て叙する所あらん。

第一項　普通の自治收益事業

公營、私營の二主義

社會の公益に關係ある事業にして而かも收入の多なるもの則ち所謂福利的收益事業の經營を大別すれば之を公營、私營の二主義に岐つことを得べし。獨國は公營主義の最も克く行はるゝの國なり。是れ一には個人の事業が未だ充分活動の域に達せざるに由るものあり。之に反して英米二國に於ては公營、私營二派の議論今尚盛んなるは其國民狀態が中歐諸國に異なるものあればなり。

私營主義の急先鋒

アブバレー伯は英國に於て私營主義を唱る一派の急先鋒なり。伯は千九百七年に於て更に『都市及國家の收益事業』と題する一著を公にしたり。其緒言に論じて謂へらく『予は苟くも都市の事業又は社會的理想の主張に反對せんとするに非ず。現に公共圖書館の事業の如きは都市之を經營して世の公益に貢献する所多く社會黨は之を其主唱せる要綱中の一に數ふるも予は極力其成功を期して疑はざるものなり』と。米國の學者ヒユゴー、マイエルは之に先つこと一年『都市公營事業』と題して英國の實驗より米國の公營主義を評せり。曰く『都市に過大の權力を集むるときは政治上の病患が從來特權を有せし私立會社より新に都市團體に移轉するに過ぎす。此病患は米國に於ては最憂ふべき國家問題なり。又公營主義は個人の工夫を妨げ事業の進歩を害す。米人は固と自由を愛して活動に富む其新進國たるを自負せる米人私營の經營が英國公營の事業に優るもの多きは事實なり』と是等は皆私營主義を唱ふる最近の評論なり。

英國公營事業の成功

然るにフレデリツク、ホウエーは『其都市論』の著書に於て英國公營事業の成功を祝して同國の氣運人心は已に之に嚮へるを證するにマンチエスター市々尹の言を以てせり。曰く『今や人々共同事業の要を自覺せり。自治の團體は一二富者の保護に依りて一局部の利益を享くべきの秋に非ず。人民共同の經營、人民各自の力量に依て事に當るべきの時代に到着せるなり』と。要するに如何なる事物を以て都市の特占事業となすべきや否は其事業の性質と財政の狀況と團體の能力とに依りて定まるべき問題にして其經營の目的は必ずや全局の公益福利を進むるの理想より打算せざるべからず。

第二項　特種の商工助長事業

其一　商業銀行

晩近泰西の都市に施設する特種の商工助長制度は市營の商業銀行、市營の火災保險是なり。前者一たび露國の都市に行はれたるも之れに關係する公吏の不正行爲ありしが爲め遂に甚だしき失敗を招きたり。殊に千八百八十四年スコッピノー市に於ける銀行の破產は同銀行頭取が十九箇年の久しき行金を私して容易に發見せられざりしに起因せり。爾來政府は法律を改正し市會に於て之が頭取、副頭取を選任するの外市をして一切銀行事務に關係せしめざることに改めたり。

失敗せる露國の市營銀行

露國の市營銀行が斯くも失敗したるに反し獨國ブレスラウの市立商工銀行は千八百四十八年商業界不振の時に於て始めて起り爾來着々進歩の狀況を呈せり。其監督は特に銀行監督官を設けて之れに委任し部長は市長之に當り委員は市會議員四名と市會の推選に係れる八名とより成る。千九百年の計算に依るに同行の取扱ひし手形は一口千馬克《マルク》以下のもの多く其數九千有餘枚に及べり。亦以て多數の市民に對し如何に金融の便を與ふるの大なるやを見るべし。但此の如きは同市特有の事業にして他の得て行ふべき所に非ず。

獨國ブレスラウの市立商工銀行

其二　火災保險

市營の火災保險業は一時倫敦市に於て之を經營せしも私立會社の起るに及び之を廢止したり。現今に於て最も多く之を營む者即ち獨國の都市と爲す。伯林の如き家屋の持主は必らず保險を付するの義務を有し保險料は市の全體を通じて損失なきの範圍內に於て之を定むるを例とし、ハンブル ヒ、リユベツク等の商工都市も亦之を營めり。蓋し火災保險事業の公營主義

獨國都市の火災保險

が彼國に行はれたるは曩に七年戰爭の後布烈的《フレデリツク》大王が戰捷の紀念として之れを奬勵したるに由れり。是れ亦た一二の國に於ける特有の事業なりとす。

英國公營の電話事業

其三　電話事業

更に商業助長制度の特異なる者之を英國に於ける市營の電話事業に見る。是れ國營主義の電話事業が未だ普及せざるに先ち都市が夙に之を設けたるに依れり。英佛海峽の間に位せるゲルセイと稱する一小市は僅々四萬の人口を有するに過ぎず。されど他に先んじて電話事業を經營し甚しく低廉の使用料を徵するといふを以て殊に名あり。他の歐洲諸國に於ては單にアムステルダム、ロツテルダムの二市に於て市營電話を有する外他は一般の遞信制度と共に國營の主義を採る。我邦に於ては電話事業は大體政府の直轄する所にして府縣公營の警察電話ありと雖も漸次之を統一せんとするの計畫なり。

其四　共同商館

中流民の保護問題

獨人ダマシケーは地方自治の事業を論ずるに當り始めて『中流民保護問題』なる新熟語を用ゐぬ。其の旨とする所は中流市民殊に多數の小商工業者を保護せんとするに在り。蓋し是等の小商工業者は社會の趨勢に制せられて自營の途を失ふこと多し。故に其甚しからざるに先だち之を助成せんとするの意に外ならず。

共同商館の理想及計畫

獨國都市に於ては商工業者の保護制度として近時の問題と爲れる者之を『共同商館』の建設と爲す。蓋し資本家は都市地代の累進をも顧みず常に殷盛なる市街地の要部と前面とを占めて商工業を營む。隨て資力の薄弱なる小商工業者は常に劣等の場所に立たざるを得ず。是に於て獨國都市は自ら公共の市場を提供すると同じく『公共の商館』を建設するは多數市民の保護に必要なる一種の公益事業なりと認めらるゝに至れり。殊に南獨逸の都市はアレスバーフの工業學校長エットの計畫に依りて商工品の陳列販賣に最適當せる公共商館を立て適當の使用料を拂ひて商品の販賣を爲さしめたり。

其五　電力供給

手工業者に對する電力の供給

體力勞働の二倍又は三倍の効果

次に商工保護問題として獨國市邑の間に起れる者即ち小商工業の爲めに自家用『モートル』即ち『送電動力機』を低廉に供給するの一事に在り。夫れ家庭に於て勞働せる手藝業者が大製造業の勃興に依りて自然に其業を失ふに至るは數の免れざる所なりと雖も手業者に對して其作業上に最必要なる動力を附與し多少其體力の適用を節することを得せしむるときは亦以て之が保護の途を完うすることを得べし。カルウに開設せられたるウユルテンベルヒ國の工業協會第四十一回の會議に於て博士ギースレルは小工業者に對して小さき動力機を附與せんが爲め會社創立の計畫に就て論せり。即ち之に依りて多數の動力機を買入れ相當の使用料を徴し之を専ら體力に依りて勞働せる市民に供給するときは其効果は單に體力のみを以てする時の二倍又は三倍に上るべしと爲せり。其後此計畫は忽ちにして世人の注目を惹き白耳義、澳太利の內務省及地方行政廳は皆競ふて必要なる資料を徴するに及べり。蓋し發電事業を公營と爲せる地方團體に於て之を行ふことは敢て難きにあらざるべし。京都市の電力供給事業の如き都市收益事業の最大なるものにして岐阜縣惠那郡明智町及山形縣飽海郡酒田町の如き近く電力の供給に依りて小工業者を利しつゝあり。一般財政の上に益すること少からず

第七節　財務行政

自治の作用にして尚述ぶべきもの地方の財務行政是なり。其重なるものを賦課制度及公債制度となす。

第一欵　賦課制度

賦課制度の變遷

抑ゝ賦課制度の趣旨とする所は租税の方法に依り自治の事業に對して必要の財源を供給するに在り。之れを古今の趨勢に徵するに地方の賦課制度は其根本の主義に於て一大變遷を爲したるを認む。即ち昔は地方の經營に依りて其利益を受けたる者は利益の程度に應じて公課を負擔すべきも

のなりといふを原則とせり。例へば土地が地方事業に依りて其價格を増すときは之に準じて公費を負擔し之が辨償を爲すべきものとなせり。之を『手數料主義又は利益報償主義の賦課制度』といふ。然るに近世に至りては地方團體の性格益〻明白に發揮せられ道義も亦年を逐ふて地方民の間に蔚興するや公の負擔は住民が直接に利益を受くると否とに依りて其義務を定むべきものに非ずとし團體全體の福利を進むる爲めには住民全體が其資力に準じて應分の負擔を爲すべき者なりとの原則夙に唱道せらるるに至れり。『資力適應主義の賦課制度』と稱する者即ち是なり。

獨逸の賦課制度

資力適應主義の機運は先づ獨國の學界に於て課税制度改正の輿論を喚起せり。就中普國の如きは各國に率先して地方税法を發布し附加税と特別税とを併用して所謂『複合的課税』の原則を採り資力適應主義の制度を確立せり。

消費税廢止の傾向

近世に至り獨國の地方賦課制度に於て所謂『消費税』なるものが將に廢滅せんとするの傾向あるは亦顯著なる事實たり。

佛國の賦課制度

之に反し佛國市邑に於ては地方賦課の制度や主として國税附加税の主

特異の人的税

義に依り未だ資力適應主義の原則を貫徹すること能はず。殊に古來承繼の國税制度中最奇異なる一種の課税は所謂『人的税及動産税』と稱するものにして市邑は四大税の一として之を附加せり。人的税は五十「サンチーム」以上一法《フラン》半以下の勞働日價を定め其三日分に對して之に課し動産税は人的税を納むる者に對し其仕拂ふ家賃に割合ひて之を賦課す。二者共に庶民的課税にして資力適應主義の標準より之を觀るときは賦課の均衡を得ず且苛重に失するの嫌あり。

主要なる入市税

佛國に於て財源の主要なる部分を占むるものは即ち所謂『入市税』なり。入市税とは消費の爲め自治體の區域内に輸入せらるゝ食料品、日用品に賦課する一種の消費税なり。消費税は獨國に於ては漸次之を廢滅したるに拘はらず佛國に於ては依然として之を尊重し變易する所なし。佛國の例を襲ふて一たび入市税を設けたる白耳義に於ては已に千八百六十年には之を廢して著るしく食料品の價を廉ならしめたり。然るに佛國に於ては千八百八十九年の議會に於てエーブ、ギユイヨの動議に依り之を廢して代ふるに直接國税の附加税を以てせんことを主張せしも其議終に行はれずして止めり。

英國の賦課制度

地方制度の中殊に課税制度に於て最保守の態度を有する英國に在ても亦近來資力適應主義の原則より觀古來よりの單一不動産税を改定せんとを試むるに至れり。念ふに英國の地方税制度は全く國税制度より獨立し附加税主義は甞て其痕跡だも留めざるのみならず寧ろ前者は後者に先ち夙にエリサベス女帝の朝に在て救貧税として制定せられ國家は之を尊重して敢て苟くも變更する所なかりき。而して此救貧税は即ち所謂『地方單一不動産税』にして他に何等の税目なく各般地方團體の行政費は單に之を基礎として賦課を爲せり。抑も地方不動産税は不動産の評定價格を基とし悉く之を其占有者に課するが爲めに勢ひ占有者偏重の嫌なき能はず。千八百七十一年ゴッセンの考案に依り『折半賦課制度』即ち俗に所謂『調和制度法案』の提出を促すに至りたるも亦之が爲のみ。所謂調和制度の特色は一定の限度以下のものに在ては『不動産税を其占有者に課せず之を其所有者に課せんとするに在り。此改正案は幸に通過の運に至りたりと雖も未だ以て地方課

救貧税と單一税

不動産稅の偏重を緩和する考案

單一稅法より複合稅法に進むの機運

稅制度に於ける不動産偏重の弊を根治すること能はざりき。其後國庫は消費稅、相續稅の一部を地方に補給するの制度を取り以て地方不動産稅の偏重を緩和せんとせり。然れども補給制度は往々にして地方濫費の憂を招き竟に之に比例して地方課稅の濫增を促せり。是に於て識者再び一般の輿論を喚起し單一稅法を改めて更に複合稅法を取らんとするの機運を開けり。サリスバリー侯は嘗て地方單一不動産稅を非とし宣言して曰く『地方の救貧、敎育其他重要の事業にして必ずしも獨り不動産のみを利せず反て一般工業者が其の利益を受くべきもの頗る多し。然るに地方の課稅制度に於ては尙ほ不動産偏重の稅制を存す。是れ最正義に反するものと謂はざるを得ず三千萬磅の整理國債を有する地方民が一部の小地主、小家主に比して何等地方の經費を負擔する所なきは我其の何の謂れたるを知らず』と。バルフォアーの如きも亦地方稅制調查委員長として常に土地評價制度の改革を唱へり。出納總裁ヒックスビーチも亦近く酒舖、料理店の特許料を增額するの必要を說けり。又每年議會に於て器械に對する地方課稅の法案は提出せられ農業家は多く之に賛同せり。然れども是等の議論あるにも拘はらず英國に於ける地方單一税の制度は尙ほ依然として舊態を存せり。

米國の賦課制度

米國の地方課税制度は源を英國に發生すと雖も母國の制に比すれば寧ろ資力適應主義の原則に近似せるものあるを認む。同國地方財源の一大要素たる所謂『財産税』の起源は英國救貧税に在り。唯其異なれる點を見るに英國課税の評價制度は不動産を唯一の標準と爲せども米國財産税の評價制度は更に動産をも其標準に加ふるに在り。又英國の評價制度は賃貸價額を基となすに在りと雖米國の評價制度は元資價額を定むるの點に於て異れり。千六百三十四年に制定せられしマサチユセット州の法に於ては明かに地方費を賦課するに當りて『市邑は先づ納税人の各種財産に就き其の總括的價格を評價せざるを得ず』との規定を設けたるが如き以て米國が英國不動産税の弊に鑑み地方税偏重、偏輕の弊を矯めんとするに意あるを見るべし。然れども米國市邑に於ける此動産評價の制度は其實施最も困難にして其の運用に於ても亦數多の情弊あり。トーマス、ゼーヤマンの如きは『動産課

財産税の困難

稅の不可能、不公正』と題し之を冷評して言へり『眞個に動產の評價を精確ならしめんとするときは評價日に於て各納稅人の家庭に侵入し長幼男女を問はず之を赤裸々となし其藏匿の恐ある貴重品をも一々之を審査せざるを得ず。而して同一の品類にして甲の爲めに評價する所と乙の爲めに評價する所とは常に霄壤の差を視るも亦已むを得ざるなり』と。殊に紐育市の如きは各納稅人に於て財產價額表を提出するの義務なし。故に勢ひ評價吏員は各人に就きて豫想の評價を試みざるを得ず。是に於て乎賄賂其他各種の情弊亦之に纏綿して起れり。オハヨー及マレーランドを除き他の諸州に於ては財產稅を選擧權の條件となす。故に政治的運動は常に納稅評價制度の中に混入し姦計至らざるなし。之が爲めペンシルバニヤ州に於ては財產稅を以て選擧權の條件と爲すことを廢止するに至れり。

獨の學者フアウエルは曩に地方團體を目して各人『共通利用の機關』と爲し其財政の觀念を論ずるや利益を受くるが故に租稅を負擔すべしといへる單純なる交換的理想を鼓吹したることありき。尋でウアルカール出で地方團體に於ける利益的觀念を排斥して新に權力的觀念を認め權力の主體たる團體は各人が利益を受くるの有無に拘はらず其必要なる經費は自己の權力に基て之を賦課することを得べしと爲し所謂『無償主義』の負擔論を提出したり。然るに澳國地方財政學の泰斗ビリンスキー出るに及んで社會共同生存の原義より起論し團體全般の公益事業に對しては各人其資力に應じて之が經濟の負擔に任ずべしと爲し此主義を敷衍して以て斯學に貢獻せり。尋でノイマン、ナッセー、ワグチル等の學者出づるに及び爾來資力適應主義の原則より之を觀察して諸般の稅制改革問題を生ずるに至れり。

地方課稅制度綜說

要するに地方行政の發展は其基く所實に公益を增進するの主義に在り即ち地方の財政制度も亦之と共に發展して一新生面を啓くに至れり。今や地方課稅制度は其主義に於ては何れの國と雖も利益報償の主義を超脫して資力適應の主義に向へり。我國の賦課制度は大體に於ては資力適應の主義に依り附加稅と特別稅との兩者併用に依りて各階級と各財源とに公平の賦課を爲さんことを期しつゝあり。就中消費稅の殆んど之を見ることとなきと全く單一税の主義を取らざる點に於ては佛英二國と異なるところにして賦課制度の母法は却て寧ろ普國の自治制度に存することを知るべし

第二款　公債制度

泰西諸國が其力を自治財政の整理監督に用ゆるは固より言を須たず。就中近年に至り頻りに其力を地方公債の監督に用ゐ豫め事業の當否を審査し更に其支出の適否を檢査するに汲々たるは英國を以て其尤となす。是れ英國に於ては地方公營の事業が他國に比して近年増加の勢最激甚を極はめ之が爲め一般經濟の變動を來し又國家の財政に其影響を及ぼさんとするの虞れあるに依る。されば爾來議院に於ても夙に審査會を開き公債監督の方法をして更に一層嚴密ならしめんことを建議せり。現今に於ても巨額の起債は必ず審査官を派遣して之を調査せしめ又其支出に就ては先づ團體に於て選擧したる專門の檢査役をして當時之が監視をなさしむるの外地方政務局よりは特に會計檢査の爲め屢々吏員を地方に派遣せり。爾來更に一歩を進め團體に於て選擧せる檢査役は地方政務局に於て其人選を許否せしめんことを企てつゝあり。

地方公債監督の制度たる其實行の方法に精疎寛嚴の別は之あるも各國皆其力を用ゆる所あるは當然にして今別に之を詳述せず。因て玆には必要なる自治事業に對し低利の資金を供給するの方法に就き特に一言せんとす。

英國の公債制度

地方債保護に關する制度は種々ありと雖も英國地方債制度に於て國家が地方團體に對して保證を與へ公債を轉貸するの制あるは特に注目を要するものとす。同國に於ては曩に千八百十七年を以て低利の地方債に依り公共の事業を興さしめんが爲め『國庫起債委員』を設けたりしに爾後は其組織を變更して『公共事業起債局』と爲せり。而して此種政府の信用附與制度は千八百七十五年及千八百七十九年の法律に依りて始めて其確定を見るに至れり。即ち政府は十萬磅を超えざる各團體の地方債に應ずるが爲め時としては國庫の剩餘を以て之に充つと雖も通例は政府債劵の發行に依りて

公共事業起債局の新設

資金を募集するを常とす。而して借入を爲したる地方團體の仕拂ふべき利率の制度は千八百七十九年の法律を以て之を定め償還期間を二十年とするの公債は利率三朱半、二十年乃至三十年とするの公債は三朱四厘、三十年乃至四十年とするの公債は四朱、四十年以上の公債は四朱四厘を超ゆることを得ずと爲せり。隨て英國の地方債に對する信用附與の制度は地方債に對する普通監督主義の國家關與制度にあらず、寧ろ更に一歩を進めて特別保護主義の國家關與制度を採用したるものと謂はざるを得ず。

保護主義の公債制度

佛國の公債制度

特別資金の利用

英國に於ける地方債保護制度を叙するに當り之が比較の爲め尙二三諸國の制を述べざるを得ず。佛國が千八百六十八年に於て專ら政府の支出に係れる「道路特別資金」を以て之を市邑の道路築造公債に貸附するの制を創立したるは制定の時期稍や相前後すと雖も英の國家轉貸制度と共に同じく地方公債の爲めにする政府直接の融資法なりとす。其後佛國に於ては千八百七十八年の法律に依りて更に設けられたる『特別教育資金』を利用し市邑の學校建築公債の爲めに之を貸附せり。即ち佛國に於ける此二個の基金貸出制度は何れも元利を合せて年々百分の四を償還せしめ三十年以内に於て償還期限を定むることとし其政府に收むる所の利子は一朱二厘に當れり。之を英國の地方債保護制度に比すれば英國に於ては地方債の爲め國庫に損失を招かざるを原則と爲し地方が支拂ふべき利率は此原則に依りて適宜に定めらる。之に反し佛國に於ては國家の保護寛大に流れ政府に仕拂ふべき地方債の利率は極端に低下せられたるの觀あり。されば佛國に於ては竟に政府の直接貸附制度を廢し共和曆十三年に至りて國債局の一部に『共託預金所』を設け地方團體に對して短期の貸附を行へり。尋で私設の土地抵當銀行設立せらるゝに及び主として之を以て地方債引受の任務に當らしむることゝ爲せり。

獨國の公債制度

獨國に於ける地方債に關しては英佛二國に於けるが如く國家直接の貸附制度を採らず主として私立銀行をして地方公債に應ぜしむるの制を採れり。アルサス、ロートリンゲンに於ける『土地抵當市邑貸附株式會社』の如きは即ち其顯著なる一例にして政府保護の下に在て地方公債に應ずるの義

白耳義の公債制度

地方貸付銀行の創例

貸付銀行の株主たる自治團體

務を有するものとす。其他私立銀行にして自から進んで此事に當れるものあり。中央土地銀行は之が爲めに普國に於て二千百萬碼を市邑に貸出し『ライン』抵當銀行は市邑に百五十萬碼を貸出せり。而して獨國の制度に於ては其國營に係れる『帝國不具保險金庫』の資金を融通し之を以て地方公債に貸附することを得るの法を設け其貸出額は今や一億碼に上れり。

白耳義に於ては英國の如く國家が直接に地方公債の爲めに信用貸付を爲すことなく又佛國の如く特に私設銀行を擇んで之に當らしむるにも非ず又獨國の如く他の目的の爲めに蓄積したる一定の資金を融通して之が貸付を爲さしむるにも非ず。同國に於ては別に公共の營造物として『地方貸付銀行』を設け特に地方公債に應せしむるの制を採れり。其資金は政府の郵便收入、關稅及消費稅の一部を以て之に充て尙債劵を發行することを得せしめたり。千八百六十年發布の制即ち是なり。此制度の特徵や第一には該貸付銀行の株主は必ず自治團體たるべく又株主たる自治團體にして始めて貸付を受くべきものと爲せるの點に在り。第二には該貸付銀行より貸出を受けたる自治團體は其償還金として毎年貸出金百分の五を納入するを以て足れりとするの點に在り。第三には自治團體に對する貸付事業の當否を審査するが爲め銀行の裡に委員を置き其一人は政府之を命ずるの點に在り。第四には地方長官をして自治團體に勸むるに該銀行の株主たらんことを以てせしめ其株主たる自治團體に對しては該團體の發したる入市税の代りに國庫より給與すべき補充金を貸付銀行の金庫に交付せしむることと是なり。此制度はもと大都會に對するよりも金融の便比較的少き小市又は村邑の爲めに經營せられたるものにして千八百六十年大藏大臣の建議に於ても實に此事を明言せり。

伊國の公債制度

伊太利に於ても千八百七十年地方金庫を統一して佛國の例に倣ひ『中央預金及貸付金庫』を設けて之を集中し地方團體の公債に應ずることと爲せり。又千八百七十五年全國の郵便局を以て中央預金及貸付金庫の派出所と爲し郵便貯金を利用して之を地方債の爲めにする信用貸付に融通せり。

瑞典の公債制度

されど市邑公債の爲めにする郵便貯金の利用制度が近來に至りて最も

顯著の發達を爲したるは瑞典に於て之を視る。故に玆に少しく其法制の要を叙せざるを得ず。同國に於ては千八百八十三年始めて郵便貯金條例を創設し尋で千八百九十一年に至るまで屢之を更正し最後には地方團體に對する貸附法を追加したり。此法に依れば郵便貯金の蓄積額は當時の引出に應ずべき一定の額に留め他は政府の許可を經たる地方債劵に應ずることを得せしめ尙其殘額三分の一以下の範圍に於て普通の地方債に應ずることを許せり。而して兩者共に其地方團體が仕拂ふべき利率は平均僅に三朱九厘に過ぎず。念ふに各地庶民社會が其零碎の小資を以て之を郵便貯金に貯蓄するや若し悉く之を中央に吸收し擧げて國家行政の資源に供し又は單に一部の經營に資するときは爲めに地方の小資を涸渇せしむるの虞あるのみならず地方の公益に貢獻する所亦極めて鮮し。是れ瑞典が之を地方公債に利用するの法を制定し貯蓄の資金を活用して更に地方公益事業の新興を助けんとする所以なり。其用意の存する所亦察すべきなり。

以上各國の法制に就き之れを總括するに近世の國家は地方公債に對し

各國公債制度の綜説

其制限及保護に關して深く講究する所あり其施設する所亦種々ありと雖ども要するに地方公債に對する國家關與の制度に二種の大別あるを認む一は消極的に地方公債の濫增を防止し及其不當なる起債の方法を矯正せんとするに在り。獨の行政學者は之を『地方公債に對する後見的監督制度』といへり。吾人が『地方公債に對する監督主義の制度』と稱する者即ち是なり。二は單に地方公債の濫增を制止するのみならず又必要なる公債に對しては國家が直接に貸付をなし又は機關を具へて其利便を計るに在り。行政學者は之を名けて『地方公債の爲めにする積極的經營制度』といふ。吾人は之を以て『地方公債に對する保護主義の制度』と稱せんとす。而して後者は更に之を別ちて大略次の四種と爲すことを得べし。第一は國庫が私設の金融機關を補助奬勵し特に地方團體の公債に應せしむるの制度にして佛國現今の不動產銀行に於ける地方債貸付の制は其最著るしき者なり。第二は國家が公設の金融機關を設け之をして地方團體の公債に應せしむるの制度なり。佛の『供託預金所』及瑞西ベルンの『抵當銀行』は共に國立營造物なりと雖も就中白耳義の『地方貸付銀行』の如きは地方債の爲めにする公設金融機關の模範制と謂はざるを得ず。第三は國家が特種の資金を轉用し之をして地方團體の公債に應せしむるの制なり。即ち白、伊、墺、瑞、西の數國に於ける『郵便貯金の利用制度』及獨國の『不具保險基金の貸付制度』は其最著名の事例たり。第四は國家自から直接に債權者と爲りて地方團體の爲めに貸付を爲すの制度にして佛國の『道路基金貸付の制』固より其一例たりと雖も英國に於ける『地方債轉貸制度』の如きは實に此最後の制度中に於ける嚆矢の制たり。

我邦に於ては償還期限三年以內の公債の外一切市町村の公債は主務大臣の許可を受くるを要す。即ち消極の監督制度は具はらずと云ふべからず。今や公債總額は府縣以下市町村を通じて既に八千九百萬圓に上る。而かも利子一割以上の公債尙百萬圓の多きを有せり。將來殊に研究すべき問題は如何にして積極的に自治團體の爲めに低利の資金を供給すべきかの一事に在り。今や政府は郵便貯金の增殖を奬勵すると共に其一部を利用して之を勸業銀行農工銀行に下付し以て公共團體のために低利貸付の方法を取

れり

以上公債保護制度は各國の狀態に依りて其趣を異にす其利害得失は固より之を概論すべからず。只各國政府に於て最注意せる一事は公債保護制度の完備と共に起債監督制度の最周到に行はれんことを期し。必要なる公債事業を進むると共に地方公債の濫增をば厚く事前に戒しむるの注意を怠らざること是なり。

第七章　自治の監督

近世の監督

自治の本義は團體の福利を增進し以て國家に貢獻するに在り自治は國家の委任に依りて生る。其經營を行ふや國家の監督指導を受くべきこと固より當然なり。之に加ふるに自治の當局者は其固有の事業に當るの外又上司の指導を受けて國の行政事務を處理するの責を有す。卽ち自治は國家の監督指導を受けて自から治め又自から治めて以て國家の爲めに貢獻するに在り。歐西地方自治に對する國家監督の制度は近世紀に至り地方自治の著しく發達を加へたるに伴ひて亦大に發展を爲せり。

視察監督の制度

國家監督制度の順序に於て先づ述ぶべき者は地方視察の制度是なり。而して此視察制度の近年最も著しく周到を加へたる英國に於ては其監督の方法も努めて周到なる注意指導を爲すの方針を採り常に地方を巡閲して行政の實際を審にし以て之を事前に戒しめ事後に過失なからしめんことを期せり。斯の如くして監督官府は其巡視の結果に依り最明に地方實際の

周知の府と好耳目

ベンザムと英國視察制度の主唱

狀況に通曉するを以て人呼んで之を『周知の府』と稱揚し視察官を以て其『好耳目』と異名せり。殊に監督官廳は其視察と報告とに依て得たる資料を集め參考となるべき各地の實例並に計畫を交互に報導し以て下級團體に於ける施政の參考に資せり。此の如くにして監督官廳は單に指揮命令を爲すの官衙たるに止まらず更に進んで善導助長を爲すの上司たり。もと『視察的監督』なる語や英國に於ては法學大家ベンザムが夙に主唱せし所なり。彼は立法及行政の學に通じ實益主義に依りて實際問題を解決せんことを企てり。隨て視察制度を以て當時地方行政の弊害を一洗すべき最善最良の策とな し盛んに之を唱道するに至りしは洵に所以ありといふべし。當時救貧局長たりしシャドウイックの如き其感化を受けたるの一人にして率先此制度に依り地方濫救の弊を矯めんとせり。時人呼んでベンザムの生血を吸へる一個の刑名家と爲し又其下に盡力せる補助官を以て『三足を有する惡鷲』なりと譏り世上亦幾多の物議ありしを免れず。されど斷然遂行して救助費節約の目的を達し大に其效を奏せり。而して視察制度が此の如く有效の結果

教育行政と國庫補助政策

一年三千件の違法支拂

を收めたるは獨り救貧行政に止まらず敎育行政の如きも亦之に依て少からざる効果を收めたり。今を去ること七十年夫のブロハム侯が四方に奔走して敎育普及の論を唱へし當時は英國小學校の如きも多くは不健康なる地下室に在り而かも氣息奄々たる肺病者の廢人等か否らざれば裁縫師たるに過ぎざる老婆を以て之が敎員に充てたるの時代なりき。然れども實地視察の結果學校の成績適當なりと認むるものに對し國庫補助の制を定めてより地方敎育は玆に全く其形勢を一變するに至れり。地方財務の如きも亦千八百七十七年地方巡閲條例の制定以前に於ては甚しく不整理の極達したり。即ち始めて此條例に依り視察を行ひたる當時に在ては地方議員の祝宴費、觀劇費をば道路費よりして支出したるもの、旅行を爲さずして巡回費を支出せるもの、二十五年の間絶へず救貧費より捕雀倶樂部に補助せるものあることをも發見せり。而して當時違法支拂と認められたるものは一年實に三千件の多きに達せしも爾來情況全く一變して著しく改善を加へ視察員も亦何等情實に泥むことなく一意熱心に其の職責を盡しつゝあり。

素と英國に於ては立法上の作用に依りて議院直接に地方自治を監督するの風ありしも近來視察制度の年を逐ふて成熟すると共に行政廳が最も能く地方の實際に通曉するの好評を得たるより議會は處務の敏活を期せんが爲め漸次其權限を行政廳に讓り行政的監督は益〻發展を見るに至れり。

財政監督の制度

國家監督制度の第二に屬するものは財政に對する關與制度にして其主なるものは起債認可の制なり。英米二國に於ては巨額の公債は一に中央議會の條例に依りて之を定め殊に米國に於ては豫め自治體の資力に應じ法律に依りて其の起債額の最高限度を定むるに至れり。佛國に於ても百萬法《フラン》以上に上るの地方公債は法律案として之れを議院に提出することゝなせり。其の他は地方長官又は主務大臣に於て之れを認可するの制を取り百方濫増の弊を防がんことを期しつゝあり。殊に英國に於ては近年地方債の著しく增加し來り收益事業の公債無慮八億有餘萬圓の多きに達したるを見るや佛人ダニエル、ベユーの如きは此驚くべき起債の狀況を以て之を『世界の新現象』と爲し此の如くにして進行せば將來必ず一國の經濟上に於て最

世界の新現象たる英國地方公債八億有餘萬圓

地方政務局と起債方針

憂ふべき結果を生ぜんと論じたり。自國の地方財政に就て近來最憂慮せる佛人が英國の光景を見て甚しく驚愕せるは固より其理なしとせず。然るに英國に於ては地方公債に對して亦樂觀、悲觀の二派あり。地方起債の增加を以て民力旺盛の兆と爲し之に依て起せる事業は國民を利益することと甚だ大なりとするものあり。又之に反して二十五年間に於ける地方債が非常の增額をなせるを見て是れ即ち財政紊亂の端なりと爲すものあり。地方政務局も亦深く玆に鑑みる所あり屢〻地方に方針を示し『地方債は必ず地方の必要に應じて最適切の事業に用ゆべし。地方債の償還年限は妄りに之を延長すべからず。起債の程度に至りては必ず過當の計算なきを要す』とし反覆指示する所あり千八百七十五年始めて地方債條例の制定に依り償還の方法利率の制限に關して規定ありし以來今日に至る迄無慮百有餘の條例を發布して地方債監督に關する地方政務局の職權を擴張せり。顧ふに英國地方債は今より十數年以前に於てや一國を通じて公債額中百中の九十九は總て五十年以上の償還期限に達し百中の七十は八十年以上の長期に涉れるあり一時不整理の極に達せり。然るに一たび公債認可の權を地方政務局に屬せしめし以來孜々として之が整理に努めしかば財政の面目も頓に之を一新するに至れり。

佛國に於ける施行前の豫算審査

地方財政監督制度の中次に最特異とすべきは佛國に於ける豫算審査法を推さゞるを得ず。即市邑を通じて其の議會の決議したる豫算は施行前必ず上級行政廳の認可を受けざるべからず。隨て三百萬法以下の收入ある市邑にありては地方長官の認可を要し三百萬法以上の收入ある市邑にありては內務大臣の提案に依り大統領の認可を受けざるべからず。又緊急の必要ある追加豫算は總べて地方長官の認可を要し尚地方長官は三百萬法《フラン》以上の收入ある市邑に關しては其認可後直に內務大臣に報告せざるべからず。豫算審査に關する特別の監督制度は佛國法系の諸國例へば白耳義、和蘭に於ても亦大體此主義に依れり。

我監督制度の活用

我監督の制度や法制としては固より備はらざるにあらず。佛國の制に比すれば監督の規定少しく足らざるが如しと雖も之を英國に比すれば監督の法制亦甚だ周到なり。縦ひ將來に其改正補充を試むべきものあるべしとするも監督者其人を得れば現在の監督制度も尙之を活用するの餘地あり。唯現行の制度に於ては其監督權の施行に參與する郡府縣の名譽職參事會員が或は情實の爲めに動かされて監督權の運用を鈍からしむるの跡往々にして掩ふべらざるものあり。將來は此點に向つて改善の途を講ずるの要ありて而して更に力を用ゆべきは事後の監督よりも寧ろ事前の指導に在りとす。近く政府が地方改良の目的を以て官吏、公吏幷篤志者の爲めに講習會を開き更に實地の監督指導を十分ならしめんが爲めに視察官を設けたる如きは皆此趣意より出でたるものなり。

之を總ぶるに近世に至りて地方行政が益〻其重きことを加ふると共に之に對するの監督方法が又愈〻其周到を致せるは蓋し必然の勢なり。近世の自治團體は其權能の範圍に於て地方の公益福利を圖るをば國家に對するの任務と爲す。此任務を果たすに當りては克く國家の方寸を承けて之と同一の轍路に向ひ國家の進運に伴ふて共に同一の軌道を行かざるべからず。且や自治の活動に至りては國民に向て其精神上、經濟上の發達を促すことと之を國家の行政に比すれば更に近接なるものあり。自治の改良に至大の希望を有する所以のものは之が爲めなり。而かも自治の妙用は此の如きに止まらず國民が其鄕黨隣里の事に參與して其公益民福を謀りつゝある間に自から其品性を進めて活動の風を興し人をして推讓の美德獻身の精神を養はしむ。是れ皆自治の大なる賜なり。

一國の品位と自治の精神

夫れ一國の品位が著しく光輝を放ち自から以て宇内に誇るべきは一に國民が其榮譽を重んじて克己の力に富み最も高尙なる道義の下に率由して身を立て世を益するの風に在り。斯の如くにして公利公益の爲には私の利害を捨て協同一致以て地方の福利を全うせんとするもの之を名けて『自治の精神』といふ。吾人が自治の運用と之が監督の方法とに就て聊か之を究めたるは一に精神、經濟兩つながら最も活氣あり又最も醇美なる自治其ものを観んことを欲すればなり。

自治要義　畢

明治四十二年十一月二十日印刷
明治四十二年十一月廿三日發行
明治四十三年三月五日再版發行

【自治要義地製】
定價金五拾五錢

著作權所有

著者　井上友一
發行者　大橋新太郎
東京市日本橋區本町三丁目八番地
印刷者　市川七作
東京市小石川區久堅町百八番地
印刷所　博文館印刷所
東京市小石川區久堅町百八番地

發兌元　博文館
東京市日本橋區本町三丁目
振替貯金口座東京二百四十番

內務省參事官兼神社局長

法學博士井上友一君著

救濟制度要義

全一冊洋裝菊判總布
特製紙數五百八十頁
正價金壹圓五拾錢
郵稅金拾貳錢

本書は汎く各國に渉りて救貧防貧の事業を始め一般風化的事業に關する法制並に經營の起源沿革及趨勢を究め其得失を商覈せるものにして我邦救貧事業其他地方改良の施設に對し參考となすべきもの尠からず殊に本書は著者が多年の研鑽に成れるものにして其勞頗る大なるに拘らず一毫の報酬を求められず出來得る限りの廉價を以て汎く世に頒たんとの誠意に基き本館に於ても特に殆ど實費を以て大方の需に應ぜんとす地方改良の業感化救濟の事に志ある者は此際奮て購讀あらん事を望む

發兌元

東京市日本橋區本町三丁目
振替貯金口座東京二百四十番

博文館

地方自治法研究復刊大系〔第223巻〕

自治要義〔明治43年再版〕

日本立法資料全集 別巻 1033

2017(平成29)年5月25日　復刻版第1刷発行　6999-4:012-010-005

著者　井上友一
発行者　今井貴
　　　　稲葉文子
発行所　株式会社信山社
〒113-0033 東京都文京区本郷6-2-9-102東大正門前
Ⓣ03(3818)1019　Ⓕ03(3818)0344
来栖支店〒309-1625 茨城県笠間市来栖2345-1
Ⓣ0296-71-0215　Ⓕ0296-72-5410
笠間才木支店〒309-1611 笠間市笠間515-3
Ⓣ0296-71-9081　Ⓕ0296-71-9082
印刷所　ワイズ書籍
製本所　カナメブックス
用紙　七洋紙業

printed in Japan　分類 323.934 g 1033

ISBN978-4-7972-6999-4 C3332 ¥36000E

日本立法資料全集 別巻

地方自治法研究復刊大系

市町村執務要覧 全 第一分冊〔明治42年6月発行〕／大成会編輯局 編輯
市町村執務要覧 全 第二分冊〔明治42年6月発行〕／大成会編輯局 編輯比較研究
自治要義 明治43年再版〔明治43年3月発行〕／井上友一 著
自治之精髄〔明治43年4月発行〕／水野錬太郎 著
市制町村制講義 全〔明治43年6月発行〕／秋野沆 著
改正 市制町村制講義 第4版〔明治43年6月発行〕／土清水幸一 著
地方自治の手引〔明治44年3月発行〕／前田宇治郎 著
新旧対照 市制町村制 及 理由 第9版〔明治44年4月発行〕／荒川五郎 著
改正 市制町村制 附 改正要義〔明治44年4月発行〕／田山宗堯 編輯
改正 市町村制問答説明 明治44年初版〔明治44年4月発行〕／一木千太郎 編纂
旧制対照 改正市町村制 附 改正理由〔明治44年5月発行〕／博文館編輯局 編
改正 市制町村制〔明治44年5月発行〕／石田忠兵衛 編輯
改正 市制町村制詳解〔明治44年5月発行〕／坪谷善四郎 著
改正 市制町村制正解〔明治44年6月発行〕／武知彌三郎 著
改正 市町村制講義〔明治44年6月発行〕／法典研究会 著
新旧対照 改正 市制町村制新釈 明治44年初版〔明治44年6月発行〕／佐藤貞雄 編纂
改正 町村制詳解〔明治44年8月発行〕／長峰安三郎 三浦通太 野田千太郎 著
新旧対照 市制町村制正文〔明治44年8月発行〕自治館編輯局 編纂
地方革新講話〔明治44年9月発行〕西内天行 著
改正 市制町村制釈義〔明治44年9月発行〕／中川健蔵 宮内國太郎 他 著
改正 市制町村制正解 附 施行諸規則〔明治44年10月発行〕／福井淳 著
改正 市制町村制講義 附 施行諸規則 及 市町村事務摘要〔明治44年10月発行〕／樋山廣業 著
新旧比照 改正市制町村制註釈 附 改正北海道二級町村制〔明治44年11月発行〕／植田鹽惠 著
改正 市町村制 並 附属法規〔明治44年11月発行〕／楠綾雄 編輯
改正 市制町村制精義 全〔明治44年12月発行〕／平田東助 題字 梶康郎 著述
改正 市制町村制義解〔明治45年1月発行〕／行政法研究会 講述 藤田謙堂 監修
増訂 地方制度之栞 第13版〔明治45年2月発行〕／警眼社編集部 編纂
地方自治 及 振興策〔明治45年3月発行〕／床次竹二郎 著
改正 市制町村制正解 附 施行諸規則 第7版〔明治45年3月発行〕福井淳 著
自治之開発訓練〔大正元年6月発行〕／井上友一 著
市制町村制逐條示解〔初版〕第一分冊〔大正元年9月発行〕／五十嵐鑛三郎 他 著
市制町村制逐條示解〔初版〕第二分冊〔大正元年9月発行〕／五十嵐鑛三郎 他 著
改正 市町村制問答説明 附 施行細則 訂正増補3版〔大正元年12月発行〕／平井千太郎 編纂
改正 市制町村制註釈 附 施行諸規則〔大正2年3月発行〕／中村文城 註釈
改正 市町村制正文 附 施行法〔大正2年5月発行〕／林甲子太郎 編輯
増訂 地方制度之栞 第18版〔大正2年6月発行〕／警眼社 編集 編纂
改正 市制町村制詳解 附 関係法規 第13版〔大正2年7月発行〕／坪谷善四郎 著
細密調査 市町村便覧 附 分類官公衙公私学校銀行所在地一覧表〔大正2年10月発行〕／白山榮一郎 監修 森田公美 編著
改正 市制 及 町村制 訂正10版〔大正3年7月発行〕／山野金蔵 編輯
市制町村制正義〔第3版〕第一分冊〔大正3年10月発行〕／清水澄 末松偕一郎 他 著
市制町村制正義〔第3版〕第二分冊〔大正3年10月発行〕／清水澄 末松偕一郎 他 著
改正 市制町村制 及 附属法令〔大正3年11月発行〕／市町村雑誌社 編著
以呂波引 町村便覧〔大正4年2月発行〕／田山宗堯 編輯
改正 市制町村制講義 第10版〔大正5年6月発行〕／秋野沆 著
市制町村制実例大全〔第3版〕第一分冊〔大正5年9月発行〕／五十嵐鑛三郎 著
市制町村制実例大全〔第3版〕第二分冊〔大正5年9月発行〕／五十嵐鑛三郎 著
市町村名辞典〔大正5年10月発行〕／杉野耕三郎 編
市町村吏員提要 第3版〔大正6年12月発行〕／田邊好一 著
改正 市制町村制と衆議院議員選挙法〔大正6年2月発行〕／服部喜太郎 編輯
新旧対照 改正 市制町村制新釈 附 施行細則 及 執務條規〔大正6年5月発行〕／佐藤貞雄 編纂
増訂 地方制度之栞 大正6年第44版〔大正6年5月発行〕／警眼社編輯部 編纂
実地応用 町村制問答 第2版〔大正6年7月発行〕／市町村雑誌社 編纂
帝国市町村便覧〔大正6年9月発行〕／大西林五郎 編
地方自治講話〔大正7年12月発行〕／田中四郎左右衛門 編輯
最近検定 市町村名鑑 附 官国幣社及諸学校所在地一覧〔大正7年12月発行〕／藤澤衛彦 著
農村自治之研究 明治41年再版〔明治41年10月発行〕／山崎延吉 著